U0074344

書名：地學鐵骨秘　附　吳師青藏命理大易數
系列：心一堂術數古籍珍本叢刊　堪輿類
作者：〔民國〕吳師青

主編、責任編輯：陳劍聰
心一堂術數古籍珍本叢刊編校小組：陳劍聰　素聞　梁松盛　鄒偉才　虛白盧主

出版：心一堂有限公司
地址／門市：香港九龍尖沙咀東麼地道六十三號好時中心LG 六十一室
電話號碼：+852-6715-0840
網址：www.sunyata.cc
電郵：sunyatabook@gmail.com
網上書店：http://book.sunyata.cc
網上論壇：http://bbs.sunyata.cc/

版次：二零一四年三月初版
平裝

定價：港幣　九十八元正
　　　人民幣　九十八元正
　　　新台幣　三百二十元正

國際書號：ISBN 978-988-8266-57-9

版權所有　翻印必究

香港及海外發行：香港聯合書刊物流有限公司
地址：香港新界大埔汀麗路三十六號中華商務印刷大廈三樓
電話號碼：+852-2150-2100
傳真號碼：+852-2407-3062
電郵：info@suplogistics.com.hk

台灣發行：秀威資訊科技股份有限公司
地址：台灣台北市內湖區瑞光路七十六巷六十五號一樓
電話號碼：+886-2-2796-3638
傳真號碼：+886-2-2796-1377
網路書店：www.govbooks.com.tw
　　　　　www.bodbooks.com.tw
經銷：易可數位行銷股份有限公司
地址：台灣新北市新店區寶橋路二三五巷六弄三號五樓
電話號碼：+886-2-8911-0825
傳真號碼：+886-2-8911-0801
email：book-info@ecorebooks.com
易可部落格：http://ecorebooks.pixnet.net/blog

中國大陸發行・零售：心一堂書店
深圳地址：中國深圳羅湖立新路六號東門博雅負一層零零八號
電話號碼：+86-755-8222-4934
北京地址：中國北京東城區雍和宮大街四十號
心一店淘寶網：http://sunyatacc.taobao.com

心一堂術數古籍　珍本
整理　叢刊　總序

術數定義

術數，大概可謂以「推算（推演）、預測人（個人、群體、國家等）、事、物、自然現象、時間、空間方位等規律及氣數，並或通過種種『方術』，從而達致趨吉避凶或某種特定目的」之知識體系和方法。

術數類別

我國術數的內容類別，歷代不盡相同，例如《漢書・藝文志》中載，漢代術數有六類：天文、曆譜、五行、蓍龜、雜占、形法。至清代《四庫全書》，術數類則有：數學、占候、相宅相墓、占卜、命書、相書、陰陽五行、雜技術等，其他如《後漢書・方術部》、《藝文類聚・方術部》、《太平御覽・方術部》等，對於術數的分類，皆有差異。古代多把天文、曆譜、及部份數學均歸入術數類，而民間流行亦視傳統醫學作為術數的一環；此外，有些術數與宗教中的方術亦往往難以分開。現代學界則常將各種術數歸納為五大類別：命、卜、相、醫、山，通稱「五術」。

本叢刊在《四庫全書》的分類基礎上，將術數分為九大類別：占筮、星命、相術、堪輿、選擇、三式、讖諱、理數（陰陽五行）、雜術（其他）。而未收天文、曆譜、算術、宗教方術、醫學。

術數思想與發展——從術到學，乃至合道

我國術數是由上古的占星、卜筮、形法等術發展下來的。其中卜筮之術，是歷經夏商周三代而通過

「龜卜、著筮」得出卜（筮）辭的一種預測（吉凶成敗）術，之後歸納並結集成書，此即現傳之《易經》。經過春秋戰國至秦漢之際，受到當時諸子百家的影響、儒家的推崇，遂有《易傳》等的出現，原本是卜筮術書的《易經》，被提升及解讀成有包涵「天地之道（理）」之學。因此，《易・繫辭傳》曰：「易與天地準，故能彌綸天地之道。」

漢代以後，易學中的陰陽學說，與五行、九宮、干支、氣運、災變、律曆、卦氣、讖緯、天人感應說等相結合，形成易學中象數系統。而其他原與《易經》本來沒有關係的術數，如占星、形法、選擇，亦漸漸以易理（象數學說）為依歸。《四庫全書・易類小序》云：「術數之興，多在秦漢以後。要其旨，不出乎陰陽五行，生尅制化。實皆《易》之支派，傳以雜說耳。」至此，術數可謂已由「術」發展成「學」。

及至宋代，術數理論與理學中的河圖洛書、太極圖、邵雍先天之學及皇極經世等學說給合，通過術數以演繹理學中「天地中有一太極，萬物中各有一太極」（《朱子語類》）的思想。術數理論不單已發展至十分成熟，而且也從其學理中衍生一些新的方法或理論，如《梅花易數》、《河洛理數》等。

在傳統上，術數功能往往不止於僅僅作為趨吉避凶的方術，及「能彌綸天地之道」的學問，亦有其「修心養性」的功能，「與道合一」（修道）的內涵。《素問・上古天真論》：「上古之人，其知道者，法於陰陽，和於術數。」數之意義，不單是外在的算數、歷數、氣數，而是與理學中同等的「道」、「理」--心性的功能，北宋理氣家邵雍對此多有發揮：「聖人之心，是亦數也」、「萬化萬事生乎心」、「心為太極」。《觀物外篇》：「先天之學，心法也。……蓋天地萬物之理，盡在其中矣，心一而不分，則能應萬物。」反過來說，宋代的術數理論，受到當時理學、佛道及宋易影響，認為心性本質上是等同天地之太極。天地萬物氣數規律，能通過內觀自心而有所感知，即是內心也已具備有術數的推演及預測、感知能力；相傳是邵雍所創之《梅花易數》，便是在這樣的背景下誕生。

《易・文言傳》已有「積善之家，必有餘慶；積不善之家，必有餘殃」之說，至漢代流行的災變說及讖緯說，我國數千年來都認為天災，異常天象（自然現象），皆與一國或一地的施政者失德有關；下至家族、個人之盛衰，也都與一族一人之德行修養有關。因此，我國術數中除了吉凶盛衰理數之外，人心的德行修養，也是趨吉避凶的一個關鍵因素。

術數與宗教、修道

在這種思想之下，我國術數不單只是附屬於巫術或宗教行為的方術，又往往是一種宗教的修煉手段——通過術數，以知陰陽，乃至合陰陽（道）。「其知道者，法於陰陽，和於術數。」例如，「奇門遁甲」術中，即分為「術奇門」與「法奇門」兩大類。「法奇門」中有大量道教中符籙、手印、存想、內煉的內容，是道教內丹外法的一種重要外法修煉體系。甚至在雷法一系的修煉上，亦大量應用了術數內容。此外，相術、堪輿術中也有修煉望氣（氣的形狀、顏色）的方法；堪輿家除了選擇陰陽宅之吉凶外，也有道教中選擇適合修道環境（法、財、侶、地中的地）的方法，以至通過堪輿術觀察天地山川陰陽之氣，亦成為領悟陰陽金丹大道的一途。

易學體系以外的術數與的少數民族的術數

我國術數中，也有不用或不全用易理作為其理論依據的，如揚雄的《太玄》、司馬光的《潛虛》。也有一些占卜法、雜術不屬於《易經》系統，不過對後世影響較少而已。

外來宗教及少數民族中也有不少雖受漢文化影響（如陰陽、五行、二十八宿等學說）但仍自成系統的術數，如古代的西夏、突厥、吐魯番等占卜及星占術，藏族中有多種藏傳佛教占卜術、苯教占卜術、擇吉術、推命術、相術等；北方少數民族有薩滿教占卜術；不少少數民族如水族、白族、布朗族、佤族、彝族、苗族等，皆有占雞（卦）草卜、雞蛋卜等術，納西族的占星術、占卜術，彝族畢摩的推命術、占卜術……等等，都是屬於《易經》體系以外的術數。相對上，外國傳入的術數以及其理論，對我國術數影響更大。

曆法、推步術與外來術數的影響

我國的術數與曆法的關係非常緊密。早期的術數中，很多是利用星宿或星宿組合的位置（如某星在某州或某宮某度）付予某種吉凶意義，并據之以推演，例如歲星（木星）、月將（某月太陽所躔之宮次）等。不過，由於不同的古代曆法推步的誤差及歲差的問題，若干年後，其術數所用之星辰的位置，已與真實星辰的位置不一樣了；此如歲星（木星），早期的曆法及術數以十二年為一周期（以應地支），與木星真實周期十一點八六年，每幾十年便錯一宮。後來術家又設一「太歲」的假想星體來解決，是歲星運行的相反，週期亦剛好是十二年。而術數中的神煞，很多即是根據太歲的位置而定。又如六壬術中的「月將」，原是立春節氣後太陽躔娵訾之次而稱作「登明亥將」，至宋代，因歲差的關係，要到雨水節氣後太陽才躔娵訾之次，當時沈括提出了修正，但明清時六壬術中「月將」仍然沿用宋代沈括修正的起法沒有再修正。

由於以真實星象周期的推步術是非常繁複，而且古代星象推步術本身亦有不少誤差，大多數術數除依曆書保留了太陽（節氣）、太陰（月相）的簡單宮次計算外，漸漸形成根據干支、日月等的各自起例，以起出其他具有不同含義的眾多假想星象及神煞系統。唐宋以後，我國絕大部份術數都主要沿用這一系統，也出現了不少完全脫離真實星象的術數，如《子平術》、《紫微斗數》、《鐵版神數》等。後來就連一些利用真實星辰位置的術數，如《七政四餘術》及選擇法中的《天星選擇》，也已與假想星象及神煞混合而使用了。

隨着古代外國曆（推步）、術數的傳入，如唐代傳入的印度曆法及術數，元代傳入的回回曆等，其中我國占星術便吸收了印度占星術中羅睺星、計都星等而形成四餘星，又通過阿拉伯占星術而吸收了其中來自希臘、巴比倫占星術的黃道十二宮、四元素學說（地、水、火、風），並與我國傳統的二十八宿、五行說、神煞系統並存而形成《七政四餘術》。此外，一些術數中的北斗星名，不用我國傳統的星名：天樞、天璇、天璣、天權、玉衡、開陽、搖光，而是使用來自印度梵文所譯的：貪狼、巨門、祿存、文曲，廉貞、武曲、破軍等，此明顯是受到唐代從印度傳入的曆法及占星術所影響。如星命術的《紫微斗數》及堪輿術的《撼龍經》等文獻中，其星皆用印度譯名。及至清初《時憲曆》，置閏之法則改用西法「定氣」。清代以後的術數，又作過不少的調整。

陰陽學——術數在古代、官方管理及外國的影響

術數在古代社會中一直扮演着一個非常重要的角色，影響層面不單只是某一階層、某一職業、某一年齡的人，而是上自帝王，下至普通百姓，從出生到死亡，不論是生活上的小事如洗髮、出行等，大事如建房、入伙、出兵等，從個人、家族以至國家，從天文、氣象、地理到人事、軍事，從民俗、學術到宗教，都離不開術數的應用。我國最晚在唐代開始，已把以上術數之學，稱作陰陽（學），行術數者稱陰陽人。（敦煌文書、斯四三二七唐《師師漫語話》：「以下說陰陽人謾語話」，此說法後來傳入日本，今日本人稱行術數者為「陰陽師」）。一直到了清末，欽天監中負責陰陽術數的官員中，以及民間術數之士，仍名陰陽生。

古代政府的中欽天監（司天監），除了負責天文、曆法、輿地之外，亦精通其他如星占、選擇、堪輿等術數，除在皇室人員及朝庭中應用外，也定期頒行日書、修定術數，使民間對於天文、日曆用事吉

凶及使用其他術數時，有所依從。

中國古代政府對官方及民間陰陽學及陰陽官員，從其內容、人員的選拔、培訓、認證、考核、律法監管等，都有制度。至明清兩代，其制度更為完善、嚴格。

宋代官學之中，課程中已有陰陽學及其考試的內容。（宋徽宗崇寧三年〔一一零四年〕崇寧算學令：「諸學生習……並曆算、三式、天文書。」，「諸試……三式即射覆及預占三日陰陽風雨。天文即預定一月或一季分野災祥，並以依經備草合問為通。」

金代司天臺，從民間「草澤人」（即民間習術數之士）考試選拔：「其試之制，以《宣明曆》試推步，及《婚書》、《地理新書》試合婚、安葬，並《易》筮法，六壬課、三命、五星之術。」（《金史》卷五十一・志第三十二・選舉一）

元代為進一步加強官方陰陽學對民間的影響、管理、控制及培育，除沿襲宋代、金代在司天監掌管陰陽學及中央的官學陰陽學課程之外，更在地方上增設陰陽學之課程（《元史・選舉志一》：「世祖至元二十八年夏六月始置諸路陰陽學。」）地方上也設陰陽學教授員，培育及管轄地方陰陽人。（《元史・選舉志一》：「（元仁宗）延祐初，令陰陽人依儒醫例，於路、府、州設教授員，凡陰陽人皆管轄之，而上屬於太史焉。」）自此，民間的陰陽術士（陰陽人），被納入官方的管轄之下。

至明清兩代，陰陽學制度更為完善。中央欽天監掌管陰陽學，明代地方縣設陰陽學正術，各州設陰陽學典術，各縣設陰陽學訓術。陰陽人從地方陰陽學肄業或被選拔出來後，再送到欽天監考試。（《大明會典》卷二二三：「凡天下府州縣舉到陰陽人堪任正術等官者，俱從吏部送（欽天監），考中，送回選用；不中者發回原籍為民，原保官吏治罪。」）清代大致沿用明制，凡陰陽術數之流，悉歸中央欽天監及地方陰陽官員管理、培訓、認證。至今尚有「紹興府陰陽印」、「東光縣陰陽學記」等明代銅印，及某某縣某某之清代陰陽執照等傳世。

清代欽天監漏刻科對官員要求甚為嚴格。《大清會典》「國子監」規定：「凡算學之教，設肄業生。滿洲十有二人，蒙古、漢軍各六人，於各旗官學內考取。漢十有二人，於舉人、貢監生童內考取。附學生二十四人，由欽天監選送。教以天文演算法諸書，五年學業有成，舉人引見以欽天監博士用，貢監生童以天文生補用。」學生在官學肄業、貢監生肄業或考得舉人後，經過了五年對天文、算法、陰陽學的學習，其中精通陰陽術數者，會送往漏刻科。而在欽天監供職的官員，《大清會典則例》「欽天監」規定：「本監官生三年考核一次，術業精通者，保題升用。不及者，停其升轉，再加學習。如能黽勉供職，即予開複。仍不及者，降職一等，再令學習三年，能習熟者，准予開複，仍不能者，黜退。」除定期考核以定其升用降職外，《大清律例》中對陰陽術士不準確的推斷（妄言禍福）是要治罪的。《大清律例·一七八·術七·妄言禍福》：「凡陰陽術士不許於大小文武官員之家妄言禍福，違者杖一百。其依經推算星命卜課，不在禁限。」大小文武官員延請的陰陽術士，自然是以欽天監漏刻科官員或地方陰陽官員為主。

官方陰陽學制度也影響鄰國如朝鮮、日本、越南等地，一直到了民國時期，鄰國仍然沿用着我國的多種術數。而我國的漢族術數，在古代甚至影響遍及西夏、突厥、吐蕃、阿拉伯、印度、東南亞諸國。

術數研究

術數在我國古代社會雖然影響深遠，「是傳統中國理念中的一門科學，從傳統的陰陽、五行、九宮、八卦、河圖、洛書等觀念作大自然的研究。……傳統中國的天文學、數學、煉丹術等，要到上世紀中葉始受世界學者肯定。可是，術數還未受到應得的注意。術數在傳統中國科技史、思想史，文化史、社會史，甚至軍事史都有一定的影響。……更進一步了解術數，我們將更能了解中國歷史的全貌。」（何丙郁《術數、天文與醫學中國科技史的新視野》，香港城市大學中國文化中心。）

可是術數至今一直不受正統學界所重視，加上術家藏秘自珍，又揚言天機不可洩漏，「（術數）乃吾國科學與哲學融貫而成一種學說，數千年來傳衍嬗變，或隱或現，全賴一二有心人為之繼續維繫，賴以不絕，其中確有學術上研究之價值，非徒癡人說夢，荒誕不經之謂也。其所以至今不能在科學中成立一種地位者，實有數困。蓋古代士大夫階級目醫卜星相為九流之學，多恥道之；而發明諸大師又故為惝恍迷離之辭，以待後人探索；間有一二賢者有所發明，亦秘莫如深，既恐洩天地之秘，復恐譏為旁門左道，始終不肯公開研究，成立一有系統說明之書籍，貽之後世。故居今日而欲研究此種學術，實一極困難之事。」（民國徐樂吾《子平真詮評註》，方重審序）

現存的術數古籍，除極少數是唐、宋、元的版本外，絕大多數是明、清兩代的版本。其內容也主要是明、清兩代流行的術數，唐宋以前的術數及其書籍，大部份均已失傳，只能從史料記載、出土文獻、敦煌遺書中稍窺一鱗半爪。

術數版本

坊間術數古籍版本，大多是晚清書坊之翻刻本及民國書賈之重排本，其中豕亥魚魯，或而任意增刪，往往文意全非，以至不能卒讀。現今不論是術數愛好者，還是民俗、史學、社會、文化、版本等學術研究者，要想得一常見術數書籍的善本、原版，已經非常困難，更遑論稿本、鈔本、孤本。在文獻不足及缺乏善本的情況下，要想對術數的源流、理法、及其影響，作全面深入的研究，幾不可能。

有見及此，本叢刊編校小組經多年努力及多方協助，在中國、韓國、日本等地區搜羅了一九四九年以前漢文為主的術數類善本、珍本、鈔本、孤本、稿本、批校本等數百種，精選出其中最佳版本，分別輯入兩個系列：

一、心一堂術數古籍珍本叢刊

二、心一堂術數古籍整理叢刊

前者以最新數碼技術清理、修復珍本原本的版面，更正明顯的錯訛，部份善本更以原色精印，務求更勝原本，以饗讀者。後者延請、稿約有關專家、學者，以善本、珍本等作底本，參以其他版本，進行審定、校勘、注釋，務求打造一最善版本，供現代人閱讀、理解、研究等之用。不過，限於編校小組的水平，版本選擇及考證、文字修正、提要內容等方面，恐有疏漏及舛誤之處，懇請方家不吝指正。

心一堂術數古籍　珍本　叢刊編校小組
整理

二零一三年九月修訂

地學鐵骨秘

本書經潮州志採入
藝文類子部

朱序

吳子師青既已青烏術擅名當世當世之士聽其議論之著明與其談言之奇中莫不群相揣測以為必有私藏秘本為當世所不見而吳子獨見之者乃能至是予始聞爲而未察也今年夏吳子出其所謂鐵骨秘者以相示且曰地理之書幽沈久矣是書之作盖將以導湮鬱發幽秘使吉凶悔吝之旨瞭然如指諸掌或亦謀趨避者所不廢歟予媿於堪輿家言素未講求不知吳子此書於古之作者何似然以向者世人之所震驚而揣

測者今乃果獲是書則是書之價值又爲可誣耶吾因之重有所感矣世固有委心任運忘懷得失粹然以自求多福爲歸者彼誠知所處已若其擾擾於目前營營於身後寡廉鮮恥以求達其所大欲卒其所至得失樊然曾不能有加於其本来毫末而徒然自陷於蠅營狗茍之為以釀成風氣之憂者吾又不安得一擧吴子之説使之廢然思返也哉因序此書聊相與發憤言之

民國十三年潮陽朱葛民序

自序

甚矣地理之晦而不明也久矣自唐而後顛倒卦例業堪輿者不究青囊寶照天玉之玄妙而從滅蠻玉尺之荒謬雖有人爲作辯正疏辯正直解辯正再辯辯正補辯正翼以發明青囊天玉寶照之義而真旨不明妄肆臆斷愈辯而愈晦愈改而愈謬正義一失吉凶無準遂使堪輿之家為人視作江湖糊口之輩嗚呼豈不痛哉

僕憫爲於是有鐵骨秘之作天下後世之人讀是書者可以明黃楊二公之旨可以知天地山川之氣可以福

他人可以尊自己師青之意如斯而已

凡例

一是書以鐵骨秘為名者緣楊公正教先賢秘而不宣後人不觧者多矣故予作此書求合經意非有異也不過補前人未言之隐微闡先賢秘中之秘云爾

一讀是書必先取辨正大文讀過後讀此篇更覺會心易於得益

一是書不可草閱之如視為易則無益也必將廿四章中句句揣磨方得其義何異千書萬卷乎

一是書卷後編成四十八圖内共有一千一百五十

二局每圖只有五局可用共計二百四十穴其餘之
穴皆主貧賤絕嗣之應
一是書第十八章九星斷房分之法必蕙師青心法斷
之始應亦須蕙零正山水互決之
一是書用羅經之法必以地盤為主格水之法亦必以
碑頭高低所見為主如以時術立而格之錯矣
一是書格龍之法必以城門訣為主腦如子龍入首水
必出午若不出午或朝來亦應但係分枝之龍可知
然龍欲對待為貴若不對待皆非吉地雖能發一二

房分亦必受初葬之凶

一是書卷後編成九十六局計水龍四十八局山龍四十八局乃上應北斗主宰天地化育之道下臨地輿幹旋元運吉凶之理此訣前賢秘密久矣予則編發使後學一見了然自能趨吉避凶蓋生旺以入首為重如入首得生旺不但能驟然興發且能獲富獲貴而世世榮昌是經所云得山運者福力淺得龍運者福力大之謂也

地學鐵骨秘

吳師青著

師青樂道不知憂緑水青山任優遊兩眼無花明氣象
小心有術辨休囚玉函九卷家藏秘鐵骨三星手自修
欲觧倒懸傳此訣天驚石破鬼神愁

乾坤艮巽子午卯酉天元宮
甲庚丙壬辰戌丑未地元龍
乙辛丁癸寅申巳亥人元宗

右第一章首序作者之意而仍歸重於道統也

堪笑時師術未精妄將正義浪批評大鴻一句宜賓輩

大素九廾亦弟兄

右第二章中言首章之義而辨諸書解說之非

惟有挨星法最元先尋入首後流泉依經立向無差別

不是明師却是仙

右第三章指明挨星之旨而以龍向水為主腦也

挨星妙訣本非煩向對來山水上翻順逆陰陽須記取

任他深谷與平原

右第四章言山原本無二法但龍有順逆之異也

龍上山山起破軍向中吉凶細心分右廉破武貪狼位

疊疊挨加破左文破巨祿存星十二時師此訣未曾聞

師青廣發慈悲念救世金鍼度與君

右第五章指明挨星次序

陰陽順逆有因由須向雌雄兩路求支偶干奇當辨別

右旋左轉不同流

右第六章言挨星法有雌雄之別有左右之分

壬子為雄子癸雌個中消息有誰知干支兩路君須記

二十四山掌上推

右第七章指明雌雄兩路總以二十四山掌訣為

用

壬子同行癸丑宮艮寅甲夘乙辰龍巽兼乙兮丙午中

丁未辛戌乾亥通庚酉坤申一路脉天盤造化合天宮

干神十二夫和婦山水相交氣象雄

右第八章指明雄龍一路共十二局

子癸午丁天元龍卯乙酉辛夫婦宗亥巳壬丙一同到

寅甲申庚両路逢丑艮未坤山屹屹戌乾辰巽水溶溶

支兼干出人盤脉知得是雌師不庸

右第九章指明雌龍一路共十二局

子壬午丙號翻天卯甲酉庚理亦然巳巽亥乾寅與艮
申坤並到福綿綿
右第十章指明翻天龍八局乃雄中之雌也
癸子兼行艮丑宮巽辰丁午合元空坤偕未出乾和戌
乙兑辛雞倒地龍
右第十一章指明倒地龍八局乃雌中之雄也
分房最忌見逆龍丑癸未丁定主凶辰乙同行多斷絕
戌辛並走亦殄凶庚申壬亥均須避丙巳甲寅也莫逢
若要福人先福己好將此訣羅心胸

右第十二章指明逆龍八局乃顛狂之龍也内丑

癸未丁戌辛辰乙四局是翻天而不可翻天係雄

中之逆雌壬亥丙巳庚申甲寅四局是倒地而不

可倒地係雌中之逆雄也

雄龍雌向干維順逆走支山定穴場雄向雌龍支反右

干維挨左法為良雄龍雄向俱從逆雌向雌龍順路裝

此是挨星真正訣心傳口授本青囊

右第十三章指明挨星之法有雌雌雄雄雄雌雌

雄共四樣順逆挨排之法本陳希夷陽入陽宮陽

入陰宮陰入陰宮陰入陽宮之義也此訣前人秘密久矣師青一口說破其遭天譴歟抑叨天之眷歟均未敢秘也讀者鑒之

貪狼斯文武發財更生武貴福頻来巨門定產忠貞品
輔弼應兼將相才五吉向中宜指點七凶位上莫徘徊
有人識此神仙訣掌握乾坤任剪裁

右第十四章畧言五吉應驗神斷別有秘本也

破軍四煞最難當作賊充軍犯法場定主夭亡並自縊
兩人合共一妻床祿存亦出徒流罪抱養生離雪撥湯

快請明師改吉向千災萬禍轉禎祥

右第十五章指明破祿二星凶應

文曲主雞生四足被人毆打坐牢獄歸来又見死妻兒

三代単傳嗣不續

右第十六章指明文曲凶應

廉貞同祿賊傷人板爛亡䰟受苦辛寅午戌年火災至

勸君速改莫逡巡

右第十七章指明廉貞凶應

貪與長子巨與中武發三房財祿豐輔弼兩宮分左右

東西二卦定雌雄訣破康孟伯貧寒定文絕季孫祿仲
窮分房此訣真靈驗陸地神仙豈易逢

右第十八章指明九星房分須兼形氣斷之方準

公位玄機妙不窮斷山斷水豈相仝流神一訣君知未
孟白仲青季在中

右第十九章指明水法公位而斷水別有秘本也

山砂房分剖君知孟子龍蟠季虎棲惟有仲房當面立
左肩四叔一仝推

右第二十章指明砂法公位一四七房居左之類

充棟山書孰與傳荒唐大半又虛浮三星五吉從頭斷

鶯得東君血汗流

右第二十一章總結上文重言三星五吉之驗也

甲子從頤比解殊分金配卦總糊塗羲文周孔演經義

未見坎離震兌無當將八八附穿山子父財官不等閑

中依大衍虛一位天根月窟任循環

右第二十二章辨明羅經六十四卦配六十分金

妄將坎離震兌刪除之謬今改正之

時憲書中理法精子時八刻欠分明拟將夜子初三刻

甲子當從丙子評

右第二十三章言子時尚未精細数百年間惟子時宜用下四刻不知上四刻着落何處今改正之

浪跡江湖十幾秋平生有志未曾售書傳鐵骨贈知己大地憑君及早收

右第二十四章言深贊得此訣者遍地皆春矣旨哉秘哉

師青曰点穴之道全在中正和三字立向之道貴在同宗同道為朋為友為妙雖曰篇簡文陋庶幾易則易知

吳師青著

簡則易明將數篇中句句揣磨心會其理書云識得陰陽顛倒顛便是大羅仙又何必千書萬卷乎若仍飽食終日無所用心縱使楊公復生口口相傳亦不能明其道矣

以下四十八圖共有一千一百五十二局每圖只有五局可用共計只二百四十穴其餘九百一十二穴非犯破祿文廉則碍陰差陽錯屢驗此穴非貧則夭誠可痛哉今將楊公砂圖秘本選出吉穴如海底尋珠編成局則又燦似星日天珍地秘洩露殆盡捉龍尋穴考之古

坟無差庶幾登山涉水一目了然維願後人幸勿妄傳
乱洩天機秘也
歌曰
支山右弼與武貪右倒左兮血氣行輔巨倒右連阡陌
須憑入首發何元
干山弼武與貪狼左水倒右福非常輔巨遶從右轉左
砂圖仙訣永傳揚
捉龍点穴歌
支龍順走結干山干龍逆佈支山求尋取五吉三元位

此是真穴不差途五星更帶祿馬貴為官指日上皇都
捉龍点穴真妙訣楊公那肯度凡夫

城門訣

五星一訣非真術城門一訣最為良識得五星城門訣
立宅安坟大吉昌
城門者山龍之血脉俱從此出坪洋則通潮水流入原
陽也如潮水從已而入依水立向當立丁向又可立乙
向江南龍来江北望者山上来龍必是亥左隅四位立
癸山右隅四位立辛山山龍水龍並可通用最重入首

勿出卦窮通得失須知入首得運則與失運則廢

戌龍

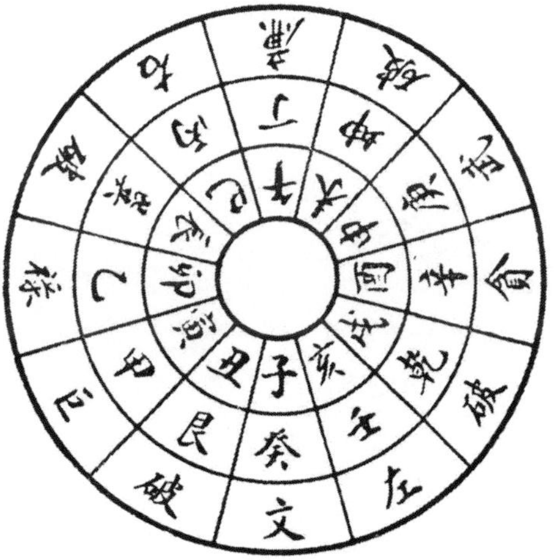

丑龍

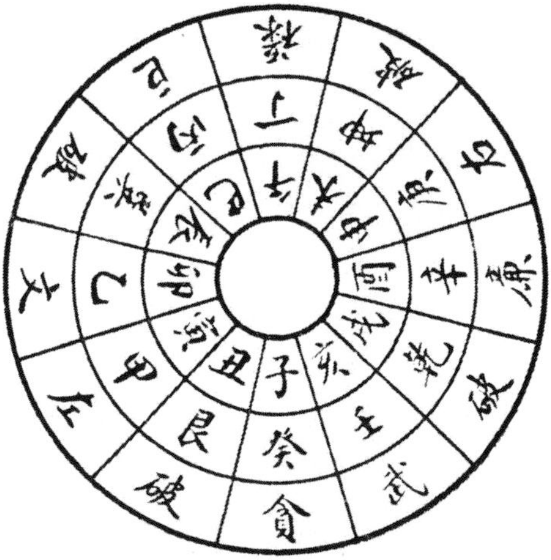

吳師青著

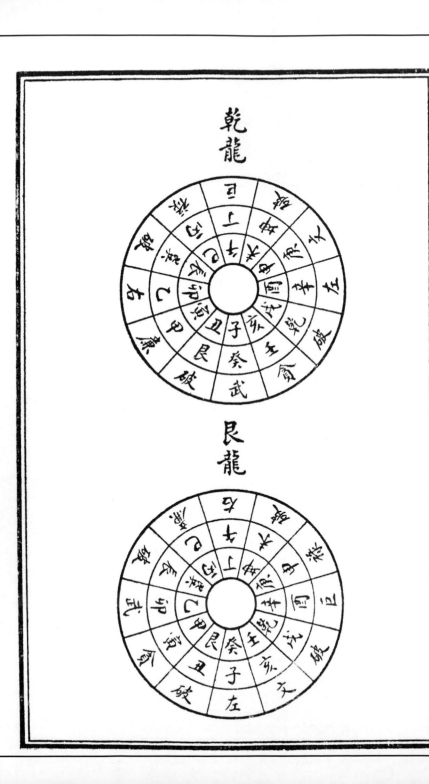

乾龍

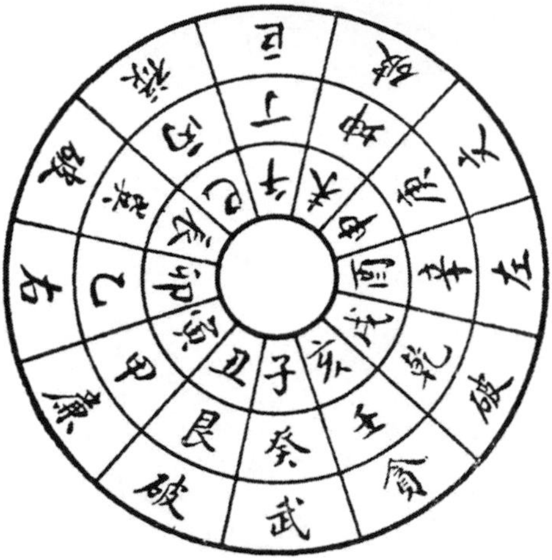
巨
祿
文
左
破
貪
武
破
廉
右
破
丁
未
坤
申
庚
酉
辛
戌
乾
亥
壬
子
癸
丑
艮
寅
甲
卯
乙
辰
巽
巳
丙
午

艮龍

右
祿
巨
破
文
左
破
貪
武
破
丁
未
坤
申
庚
酉
辛
戌
乾
亥
壬
子
癸
丑
艮
寅
甲
卯
乙
辰
巽
巳
丙
午

地學鐵骨秘

亥龍

寅龍

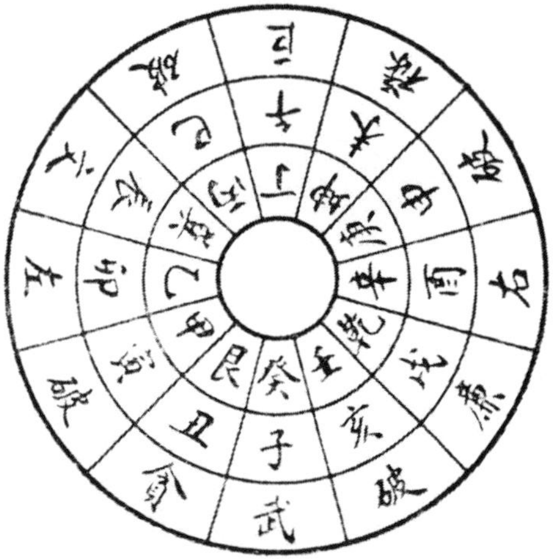

吳師青著

壬龍

甲龍

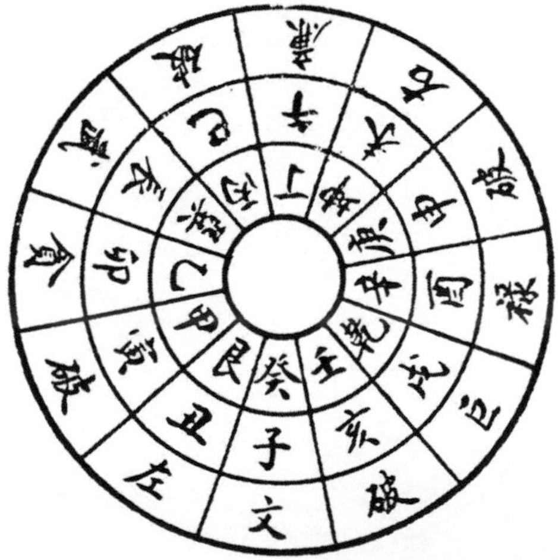

子龍

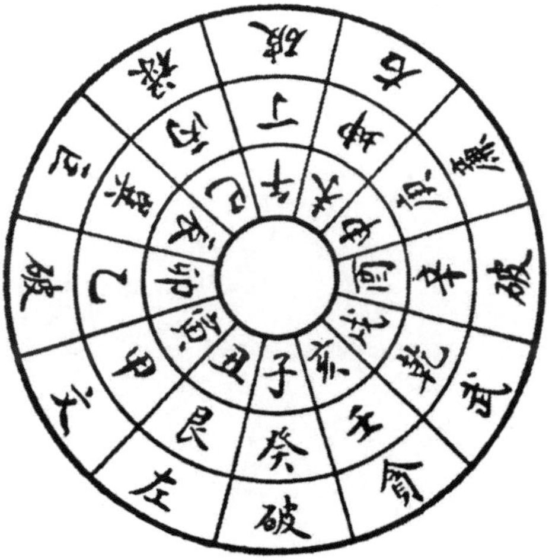

卯龍

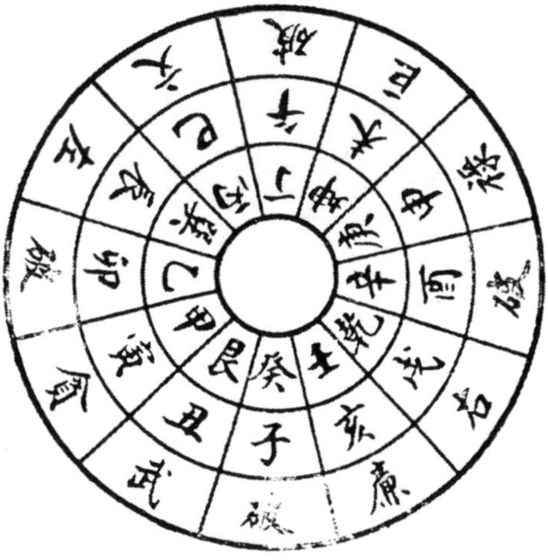

癸龍

乙龍

丑龍

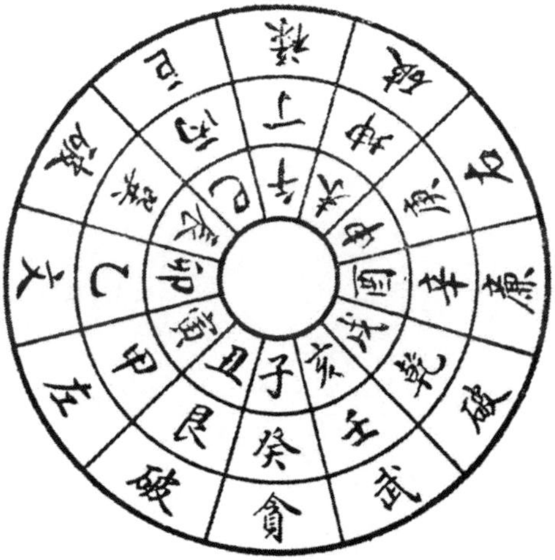

辰龍

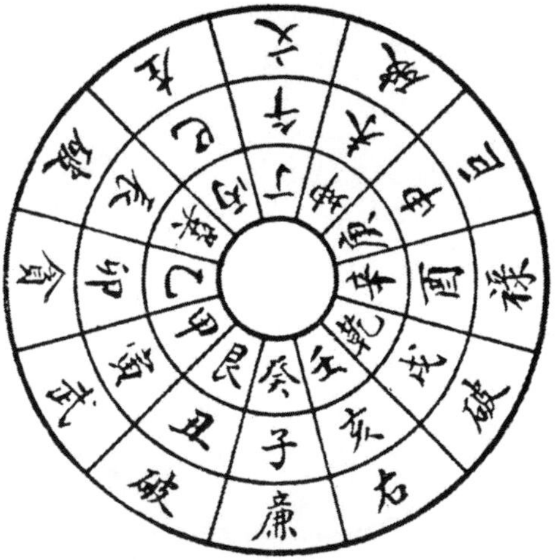

寅龍

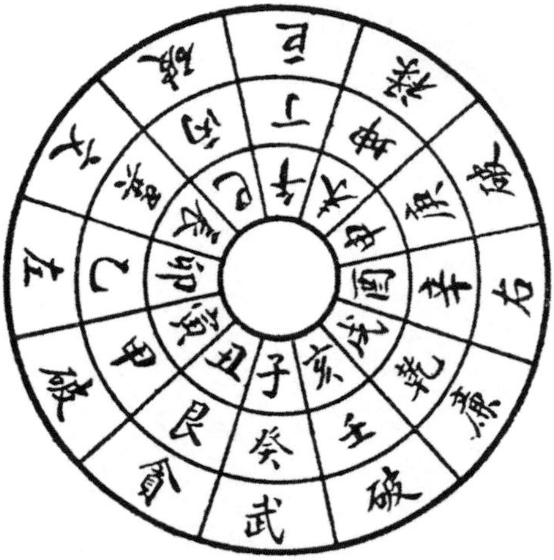
巨 祿 破 右 廉 破 武 貪 破 左 文 破
丁 坤 庚 辛 乾 壬 癸 艮 甲 乙 巽 丙
午 未 申 酉 戌 亥 子 丑 寅 卯 辰 巳

巳龍

左 文 破 巨 祿 破 右 廉 破 武 貪 破
午 未 申 酉 戌 亥 子 丑 寅 卯 辰 巳
丁 坤 庚 辛 乾 壬 癸 艮 甲 乙 巽 丙

甲龍

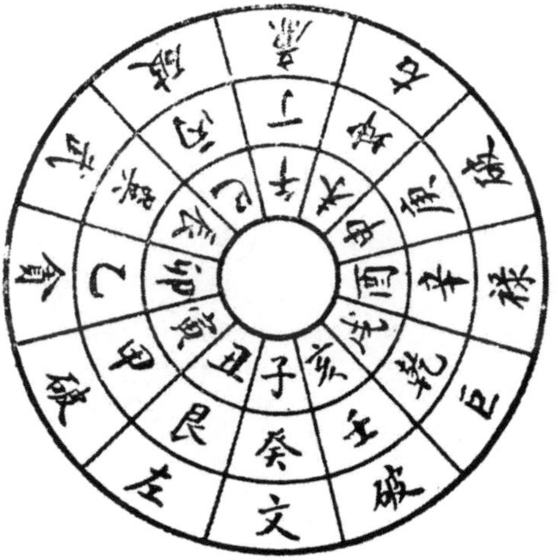

丙龍

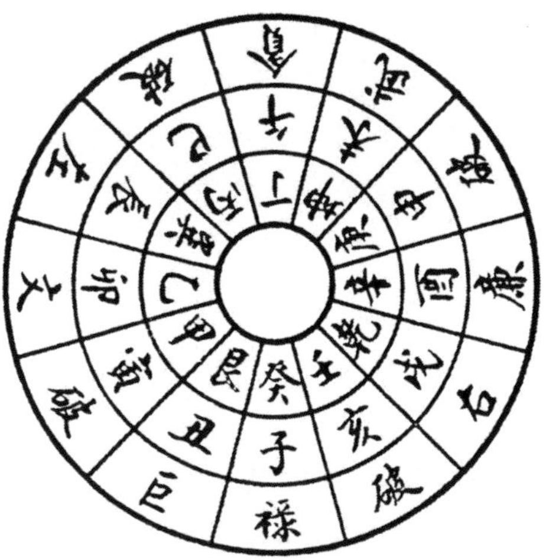

卯龍

午龍

乙龍

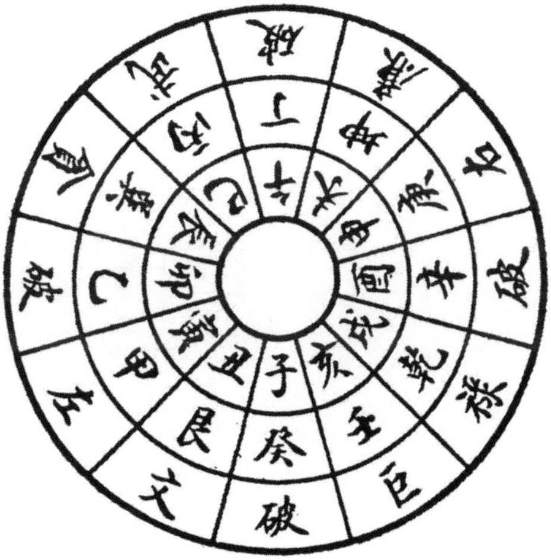
午 未 申 酉 戌 亥 子 丑 寅 卯 辰 巳
丁 坤 庚 辛 乾 壬 癸 艮 甲 乙 巽 丙
破 廉 右 破 祿 巨 破 文 左 破 貪 武

丁龍

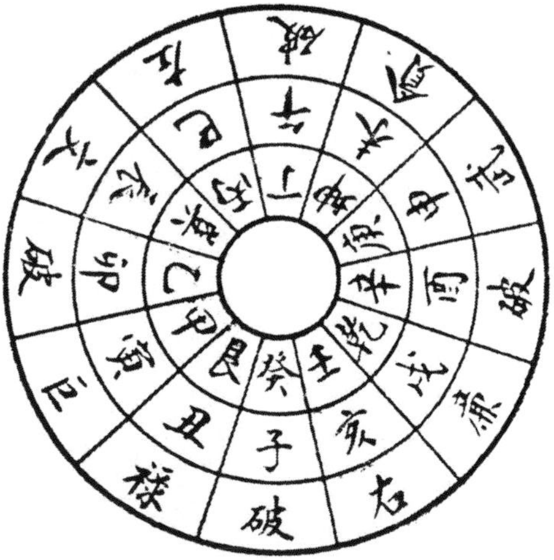
丁 坤 庚 辛 乾 壬 癸 艮 甲 乙 巽 丙
午 未 申 酉 戌 亥 子 丑 寅 卯 辰 巳
破 廉 武 破 貪 右 破 祿 巨 破 文 左

辰龍

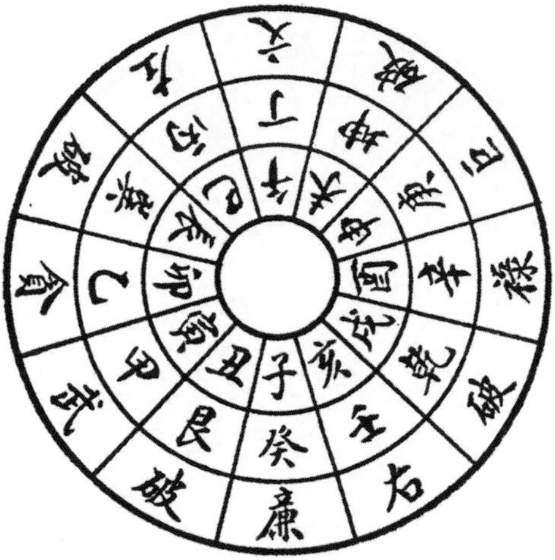
文 破 巨 祿 破 右 廉 破 武 貪 破 左
丁 坤 庚 辛 乾 壬 癸 艮 甲 乙 巽 丙
午 未 申 酉 戌 亥 子 丑 寅 卯 辰 巳

未龍

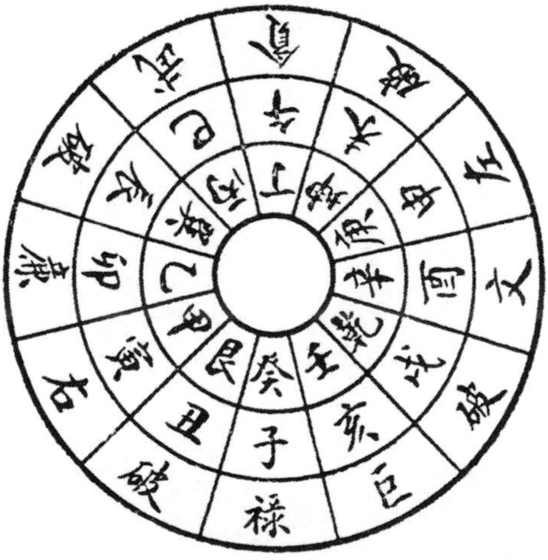
貪 破 巨 文 破 巨 祿 破 右 廉 破 武
午 未 申 酉 戌 亥 子 丑 寅 卯 辰 巳
丁 坤 庚 辛 乾 壬 癸 艮 甲 乙 巽 丙

地學鐵骨秘

巽龍

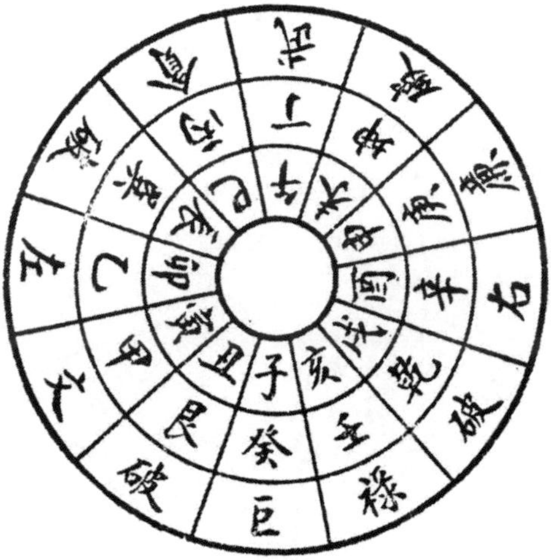

坤龍

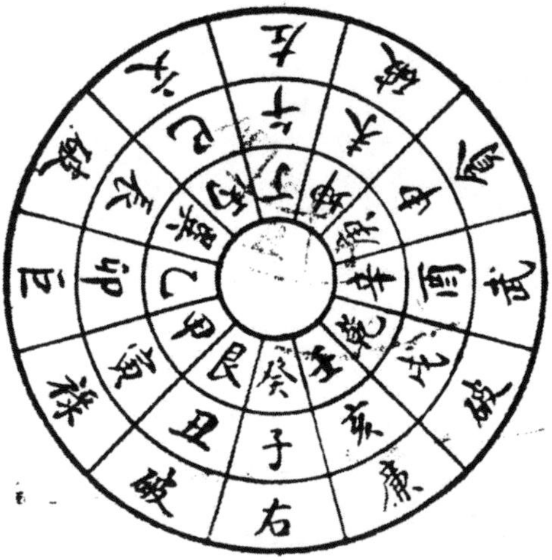

吳師青著

巳龍

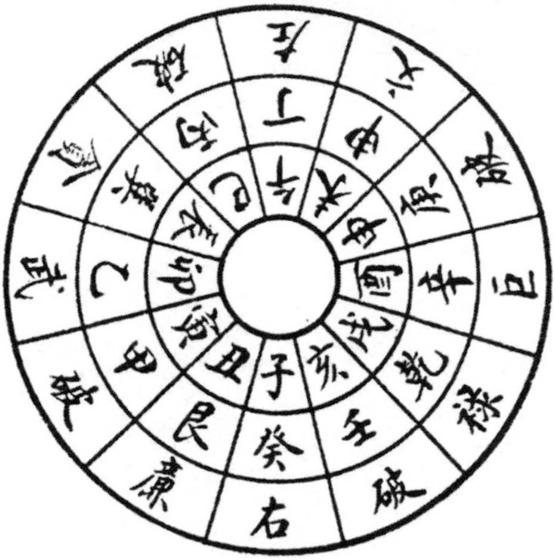

申龍

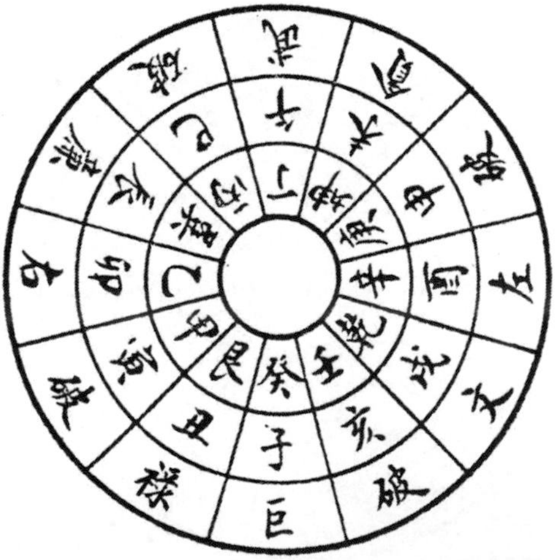

丙龍

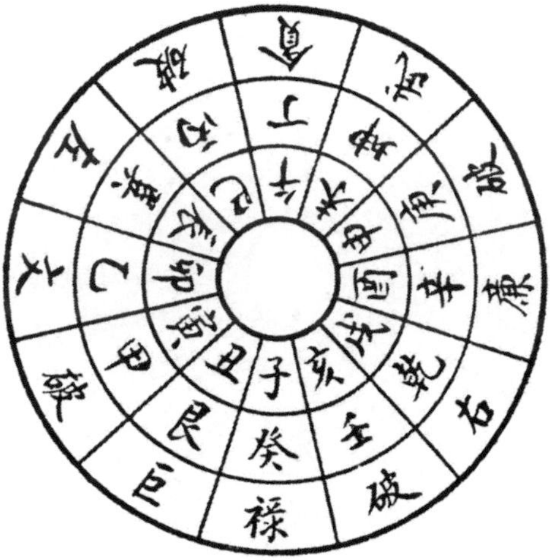

庚龍

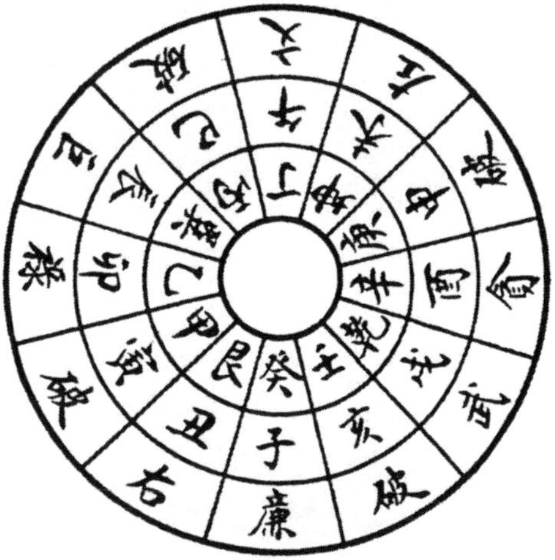

午龍

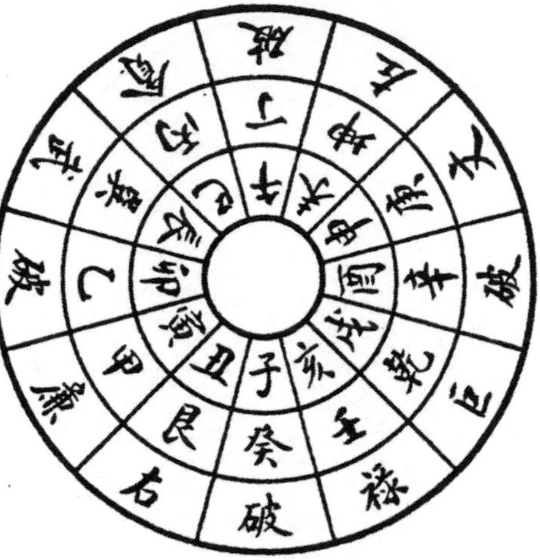

酉龍

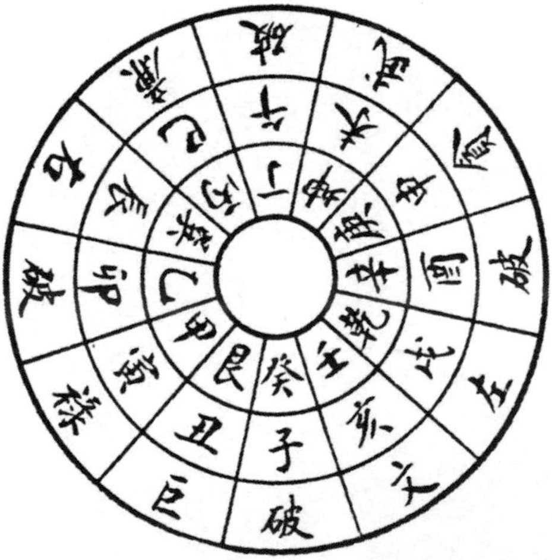

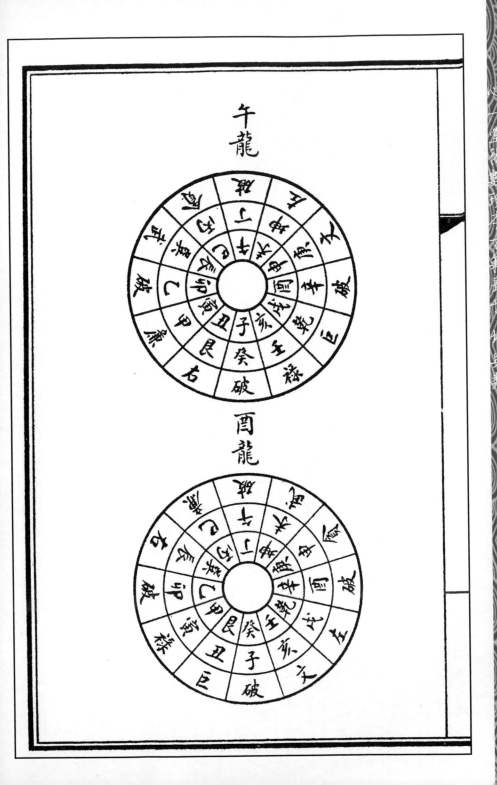

丁龍

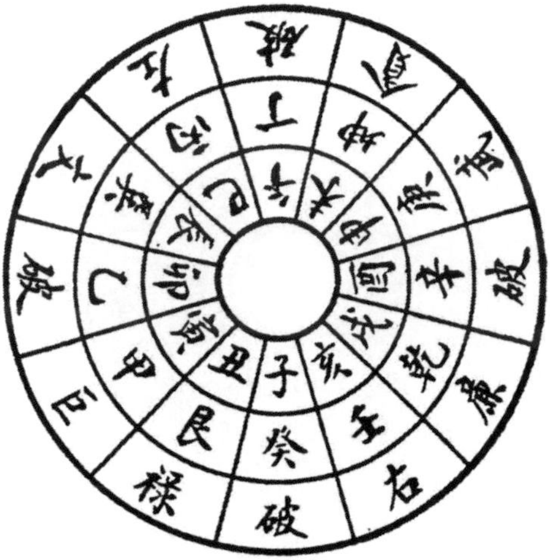
子
亥
戌
酉
申
未
午
巳
辰
卯
寅
丑
癸
壬
乾
辛
庚
坤
丁
丙
巽
乙
甲
艮
破
右
廉
破
武
貪
文
破
巨
祿

辛龍

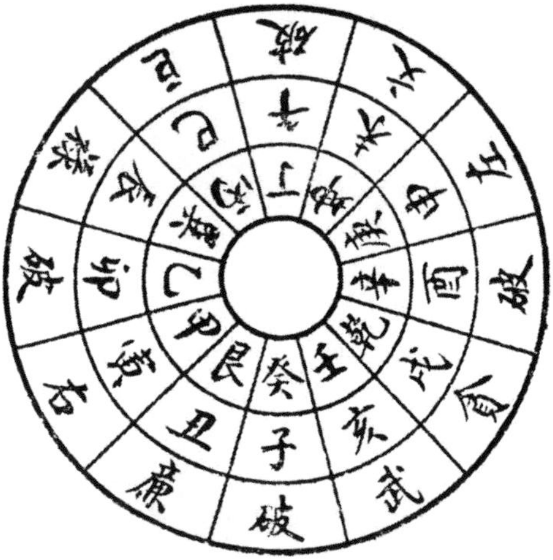
癸
壬
乾
辛
庚
坤
丁
丙
巽
乙
甲
艮
子
亥
戌
酉
申
未
午
巳
辰
卯
寅
丑
破
武
貪
破
祿
破
右
廉

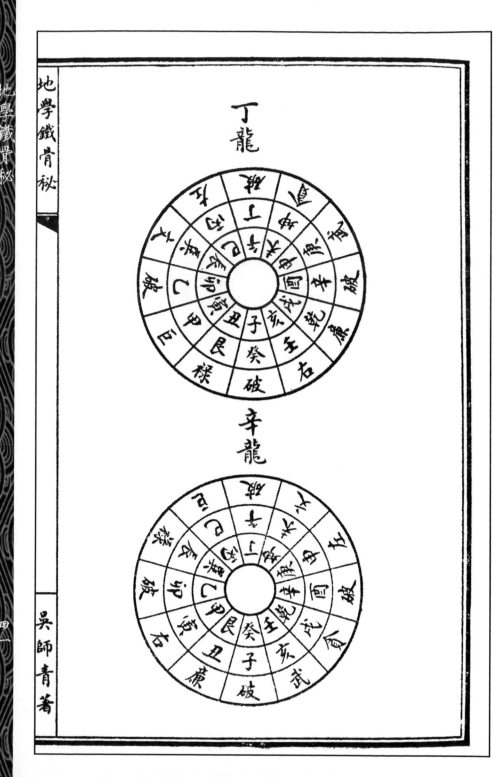

未龍

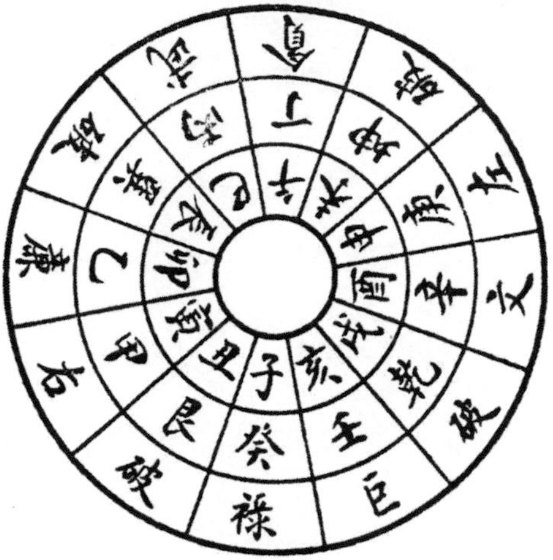

戌龍

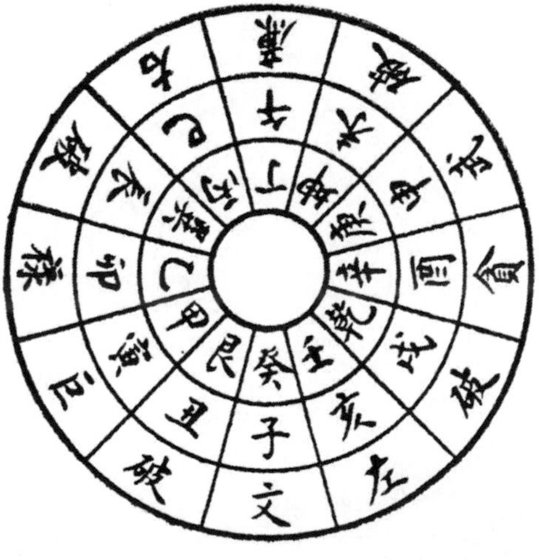

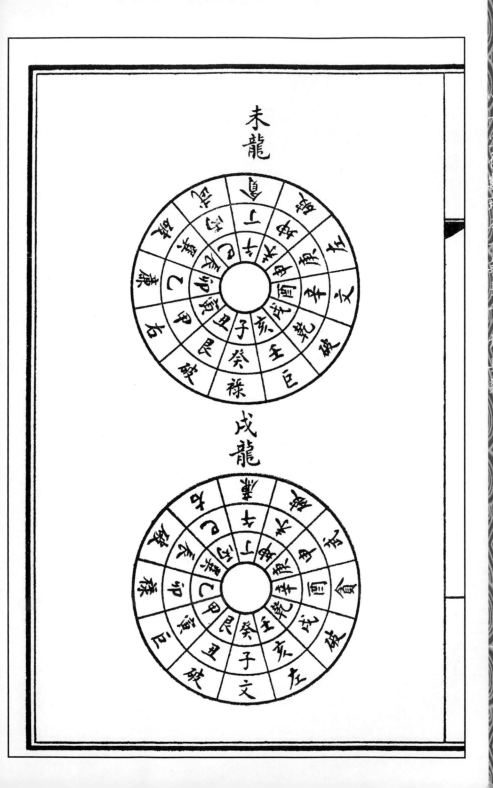

坤龍

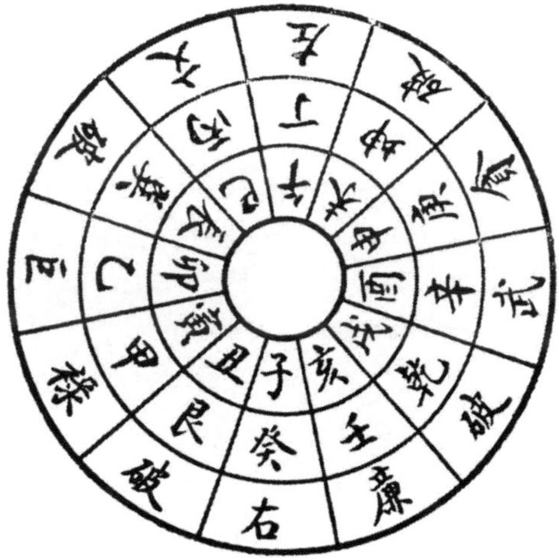
破 貪 武 破 廉 右 破 祿 巨 破 文 左
坤 庚 辛 乾 壬 癸 艮 甲 乙 巽 丙 丁
未 申 酉 戌 亥 子 丑 寅 卯 辰 巳 午

乾龍

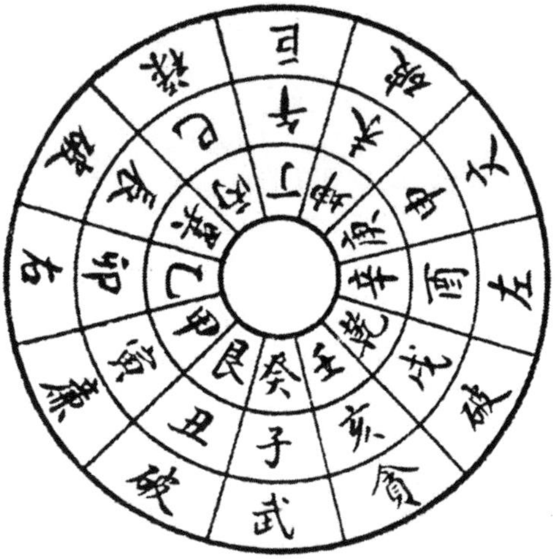
巨 破 文 左 破 貪 武 破 廉 右 破 祿
午 未 申 酉 戌 亥 子 丑 寅 卯 辰 巳
丁 坤 庚 辛 乾 壬 癸 艮 甲 乙 巽 丙

申龍

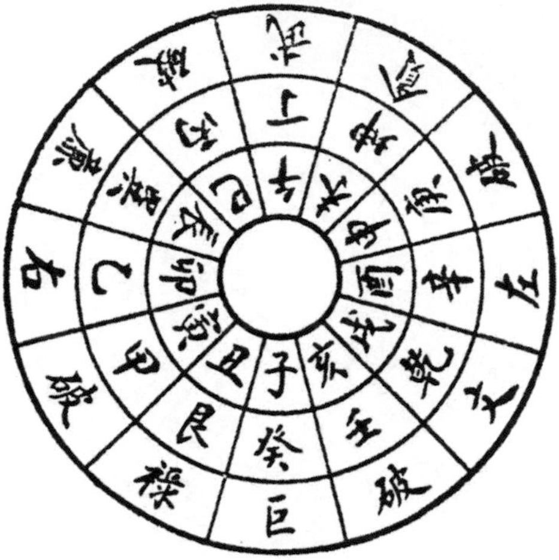
武 貪 輔 左 文 破 巨 祿 破 右 廉 弼
丁 坤 庚 辛 乾 壬 癸 艮 甲 乙 巽 丙
午 未 申 酉 戌 亥 子 丑 寅 卯 辰 巳

亥龍

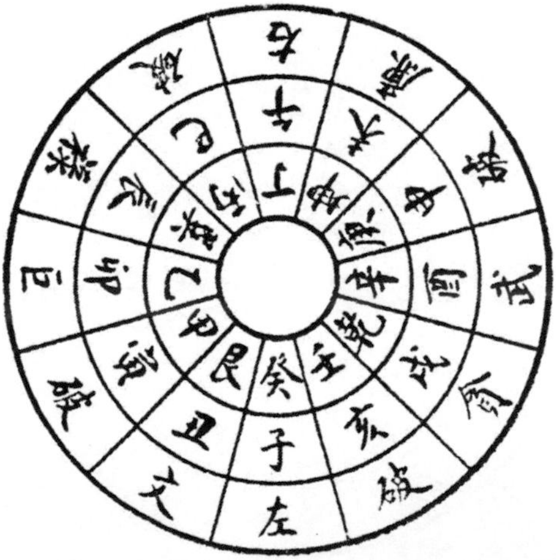
右 廉 輔 武 貪 破 左 文 破 巨 祿 弼
午 未 申 酉 戌 亥 子 丑 寅 卯 辰 巳
丁 坤 庚 辛 乾 壬 癸 艮 甲 乙 巽 丙

庚龍

壬龍

酉龍

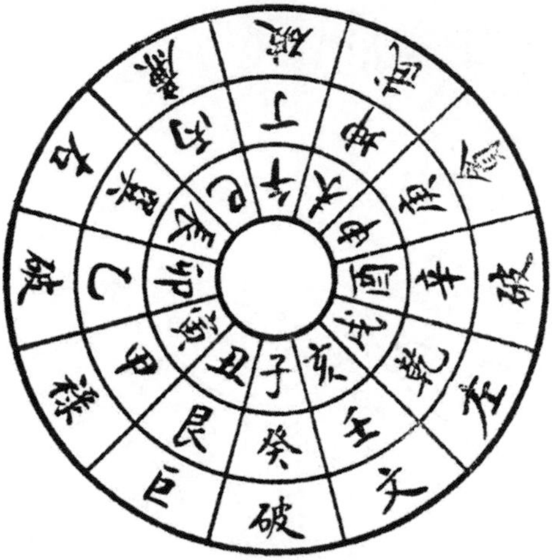

子龍

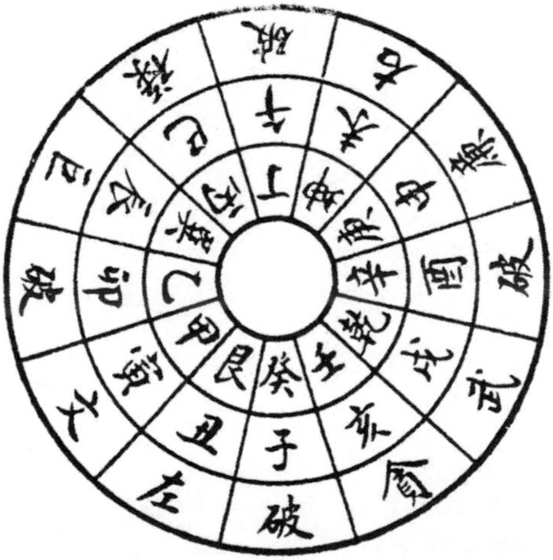

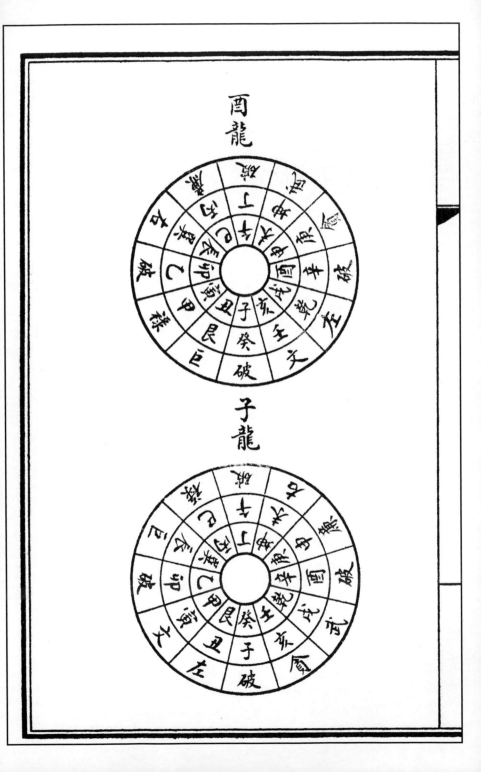

辛龍

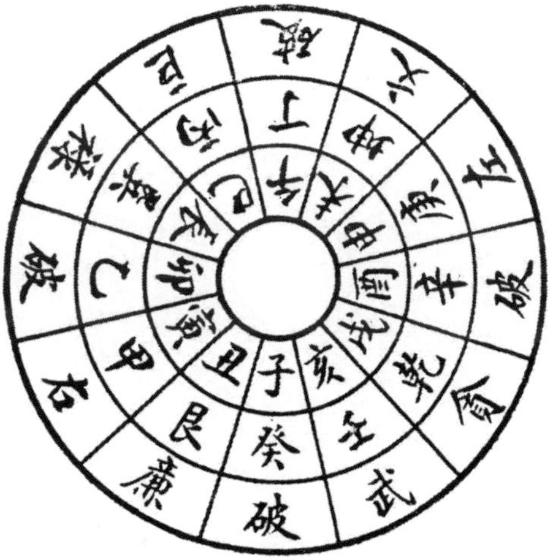
破
貪
武
破
廉
右
破
祿
巨
破
文
左
辛
乾
壬
癸
艮
甲
乙
巽
丙
丁
坤
庚
酉
戌
亥
子
丑
寅
卯
辰
巳
午
未
申

癸龍

破
文
左
破
貪
武
破
廉
右
破
祿
巨
酉
戌
亥
子
丑
寅
卯
辰
巳
午
未
申
辛
乾
壬
癸
艮
甲
乙
巽
丙
丁
坤
庚

吳師青著

艮龍

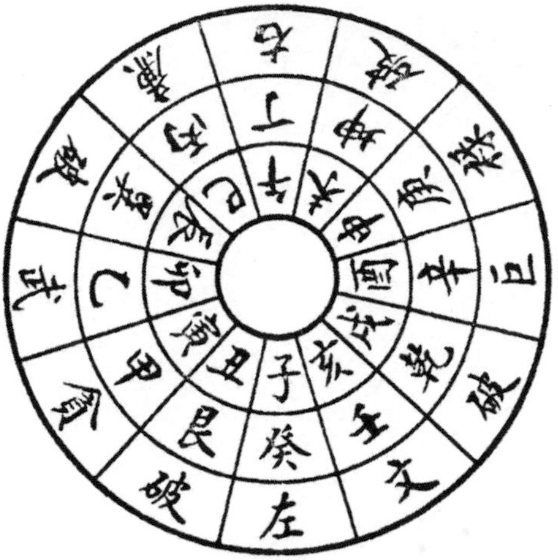

巽龍

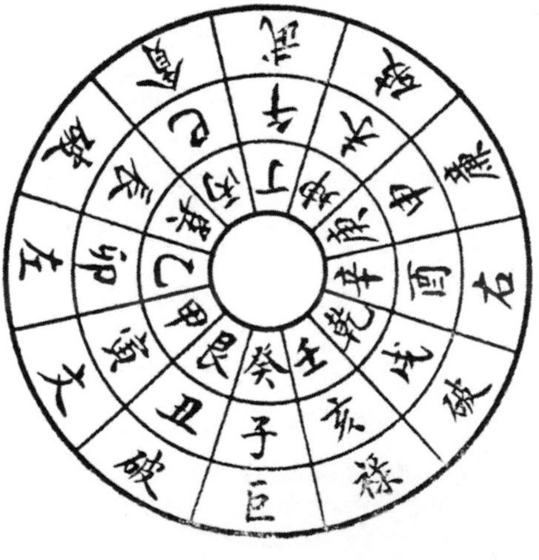

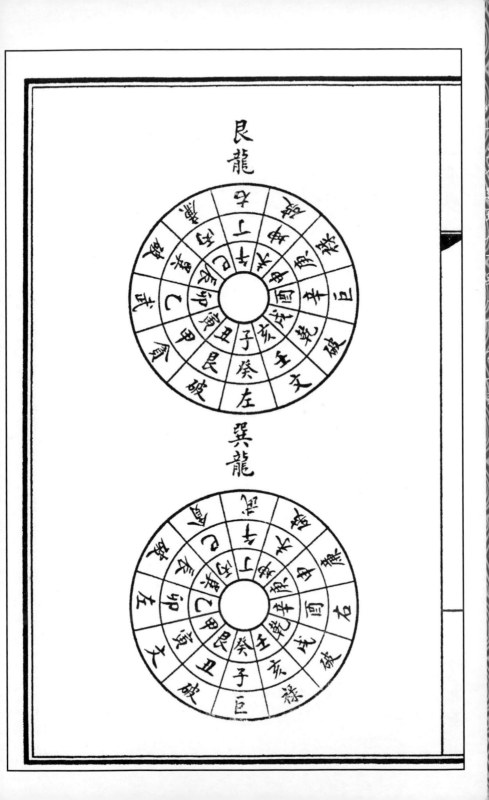

窺秘

師青心法

堪輿之學其說有二曰巒頭曰理氣巒頭論龍穴砂水以察生氣體也理氣言元運方位以着應驗用也無體則用無所施無用則體不靈異世之業此術者言巒頭則詆理氣為虛渺言理氣則嗤巒頭為粗疎心法之作理寓於氣氣囿於形使巒頭與理氣彼此貫通融會庶不致有偏廢之紛歧耳

第一破軍回轉倒騎龍灣鈎反叫捲簾同形孤穴露天

白重縱然有托不毡昬三四長房人夭折寡母双悲損
妻凶此穴之中休下塋破損財丁主孫窮
第二右弼金水半横生倒揷回龍看少宗玉枕金鈎来
下塋長房富貴旺兒孫点穴中心就龍耳前迎山水後
迎龍天虹貫日形相似眠象迴鈎螺共同
第三廉貞穴莫裁龍虎深坑穴掛坪行龍枝爪無真結
水殺淋肩水浸骸一塋長房人破敗好賭貪花日在懐
第四破軍穴不祥左右空窩凹殺傷孫寡少亡人進舍
两人同共一妻床三歲孩童人謀死棺骸破爛水穿棺

下砂空壙屍山現縱遇真龍一旦亡申子辰年寅午戌

一門凶禍主藥亡

第五武曲結成蛇坐祖橫龍穴半斜左右高山来包護

向對朝山作祖佳三房一塟人丁旺二房富貴享榮華

祖山高大旺四五右邉砂脚帶尖斜

第六貪狼大貴星太祖三台作後屛鶴膝串珠三臯脉

草蛇灰線結平真秀水歸東三富貴左水倒右長二盈

亥卯未生申子辰文出三台武狀元

第七破軍定不祥三房一犯主殺傷形孤穴露蕉風殺

龍虎孳拳砂似鎗遭軍遭賊因人命殺兄殺弟坐牢亡
第八左輔福非常池湖毡托看三陽太陽太陰星出面
蘆花三嬝氣雄強玉枕星辰並金水池湖綠氣二房祥
北龍来結長房好西逐東南三長房
第九文曲是惡神行龍結穴不分明掃蕩孤陰金開脚
右肩煞凹帶庶貞男出單毬婦太陰娼妓淫乱動情深
中子辰年寅午戌生埋炮打死非輕不怕五星形體秀
骨骸泥水滿金埕
第十破軍老陰頭結在高山莫圖謀形孤穴露兼風殺

天白茫茫損骨愁已酉丑年寅午戌殺帶滿身出賊頭
十一巨門人忠信結在高山土覆金土角流金穴可作
玉尺文星結其神四圍八國來包裹池湖界水有分明
一看西南龍作祖峯子入朝点翰林
十二祿存結半崗後座低空白虎鎗探頭側面生淫賤
不成星體出顛狂定出覡公並和尚屍骸暴露水穿棺
亥卯未生人夭折抱兒過繼出蘭房
壬龍破甲祿文廉無　卯龍破酉文丙不犯祿無文
子龍文寅甲無破廉　乙龍破癸不犯文廉祿

癸龍破乙文乾 無祿廉　辰龍 無祿

丑龍破未 無祿文廉　巽龍破艮祿亥 文無

艮龍破巽文亥 無祿廉　己龍破亥 無祿文

寅龍 不犯祿文廉　丙龍文卯 無祿廉

甲龍破壬文 癸不犯祿子無廉　午龍 不犯祿文廉

戌龍 無廉　丁龍祿艮文巽 無廉

乾龍 祿乙文甲　亥龍 破已祿巽坤廉艮文

未龍破丑廉乙 無祿文　酉龍破卯 無祿文廉

坤龍祿甲廉亥 無文　辛龍 無祿文廉

申龍文乾 不犯廉祿無　　　庚龍 無祿文廉

子癸午丁天元龍卯乙酉辛一路同若有山水一同到半穴乾坤艮巽宮取得輔星成五吉山中有此是真龍此節子午卯酉行龍世人莫不曰只結乾坤艮巽而已若如此論則半字無可辞矣不知子午卯酉行龍又可結壬丙甲庚以為貪狼順結之局也而乾坤艮巽行龍不單可結子午卯酉又可結寅申巳亥以為貪狼順局也則半字下来最確最明蓋辰戌丑未之龍又可結乙辛丁癸之山以為貪狼順局也亦不只結甲庚丙壬四

山而已蓋寅申巳亥之龍依辦正止結乙辛丁癸四向
而已不知擺立向又可結乾坤艮巽傍父母之力也庶
根深蒂固而福力攸久
此節貪狼之局與上文共路兩神為夫婦認取真神路
仙人秘密定陰陽便是正龍崗今舉坎宮一卦論之何
不言子癸亦是共路兩神只言壬子子壬為貪狼蓋子
癸為凈陰故云認取真神路定陰陽也餘卦倣此
貪狼格
壬龍立子　子龍立壬　丙龍立午
午龍立丙　庚龍立酉　酉龍立庚　乾龍立亥

坤龍立申　申龍立坤　巽龍立巳　癸龍立丑
丑龍立癸　丁龍立未　未龍立丁　乙龍立辰
辰龍立乙　辛龍立戌　戌龍立辛
以上貪狼立穴禄存去水順結直派之格也
寶照經曰貪狼原是發来遲坐向穴中人未知按此盡
屬地人二元非天元父母行龍者比若不傍父母之力
龍穴俱是子息必然遲發也
寅申巳亥人元龍第四句云寅坤申艮御門開巳丙宜
向天門上亥壬向得巽風吹此数語有帶輿謎卒不能

解今特補之以便後學可也

寅坤者為水口起破右算至坤上為貪狼實是申龍以坤為貪狼為父母也故云脉取貪狼云云

申為出口起破右順算至艮為貪狼實指寅龍之父母也

巳丙者亥龍也亥以乾為父母貪狼故云巳丙宜向天門上

亥壬者巳龍也巳以巽為貪狼故云亥壬向得巽龍吹

至甲庚丙壬辰戌丑未乙辛丁癸尋貪狼亦倣此類推

江東一卦句

東者甲也甲卯乙辰辰隔四位至丙丙隔四位未未隔四位庚庚隔四位戌戌隔四位壬壬隔四位丑丑隔四位又轉甲不離乎甲庚丙壬辰戌丑未為地元卦也以辰戌丑未之山甲庚丙壬之龍甲庚丙壬之山辰戌丑未之龍如辰龍甲山甲若兼寅則為出卦甲若兼卯則為帶刃只取辰兼巽龍來依貪入首傍父母之力以收其氣也其餘丑未戌地元之水不可兼乙辛丁癸又不可兼寅申巳亥乾坤艮巽蓋地不可兼天也只辰為入

氣單收戌丑未三水依排龍立向只有三吉而已何為三吉如辰龍来結甲山為坐坐武向巨得二吉也茲辰兼巽来至卯為左輔三吉也向上酉水蓋地不收天元之水也此山亦可立作乙辛兼卯酉

又舉寅龍兼艮立乙山辛向為坐輔向弼二吉也兼艮之龍坤上起破右逆算至卯上為武曲向巨門為四吉也蓋寅龍貪狼在艮不能收貪狼之氣故只四吉而已

辰巽中上元之龍以坎坤震為正神

正神宜在山上零神宜在水上

辰兼巽龍来係後兼龍甲山坐武向巨兼卯係左輔此局甲山庚向向上宜水未上宜龍不宜水壬上不宜水来甲亦不宜水與辰龍同元也

吳師青著

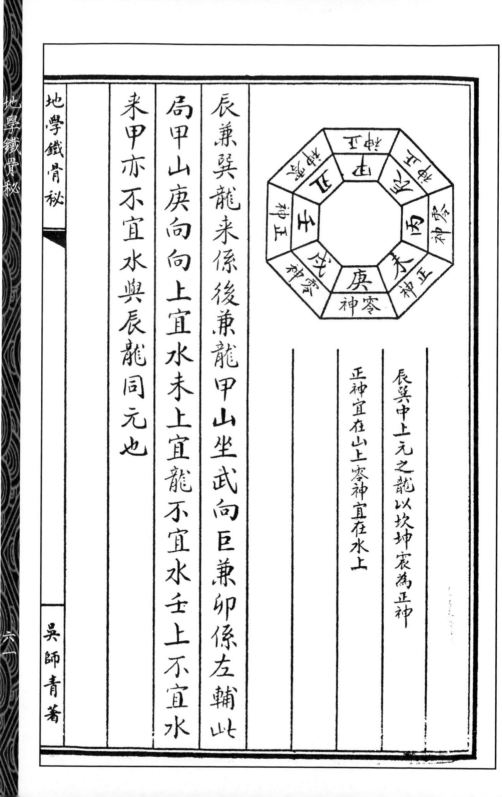

此局寅龍兼艮是前兼龍神立乙山為坐輔向弼兼艮龍算
至卯上為坐武向巨穴宜兼卯合四吉也

此局乾兼亥龍為後兼龍神宜立子山兼癸為後兼向也坐武
向巨為二吉也兼亥龍算至癸上為坐輔向弼為四吉也乾龍
貪狼在亥立子山兼壬為坐輔向弼又得貪狼在亥與壬同宮
以收五吉氣也若子山為父母卦能包三卦故兼左兼右均可

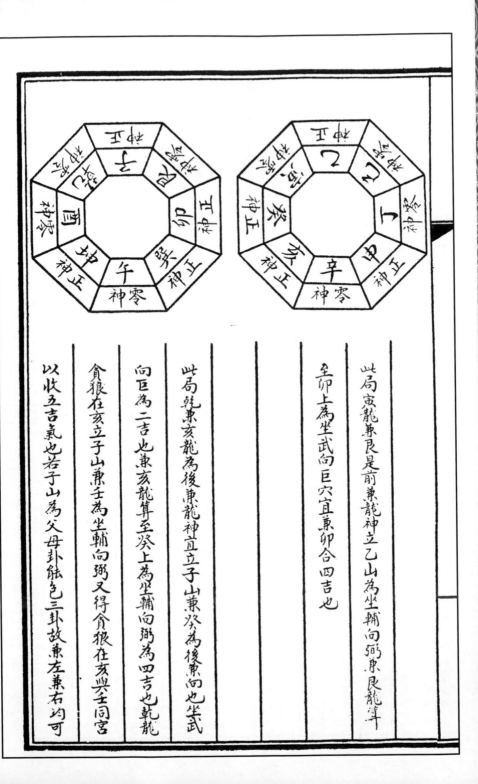

乘氣

更有凈陰凈陽法前後八尺不相雜斜正受来陰陽取

氣乘生旺方無煞来山起頂須要知三節四節不須拘

只要神龍得生旺陰陽却與穴中殊

十二陽山乾亥壬坤申庚巽已丙艮寅甲十二陰山子

癸丑卯乙辰午丁未酉辛戍

如上天元龍乾兼亥為陽龍也陽来陰受　不可雜他

氣前後八尺者為入穴之陰陽也斜正受来者頂脉之

陰陽也如子山兼癸八尺棺頭以上放經指定乾亥方

之頂及斜正受来之脉亦可餘卦倣此類推陰陽二字看零正坐向須知病若遇正神正位裝撥水入零堂零堂正向須知好認取来山腦水上排龍点位裝積谷萬餘倉陰者屬山陽者屬水坐向須知病者如乾龍立子山在下元子為零神在山則為病矣而午為下元正神是向水又病矣正神正位裝者下元乾兑艮離宜在山坎坤震巽宜在水上元坎坤震巽宜在山乾兑艮離宜在水又引曾公序曰識得陰陽玄妙理知其衰旺生與死不問坐山與来水但逢死氣皆無取舉此如三元氣

運生旺為生衰敗死兼以零正參看自見其理地理之道有山運龍運之分以挨星為法有山龍水龍之辨得山運者福力淺得龍運者發福大如乾龍子山在上元為得山運挨星以巨門到乾然乾非巨門所居也祿在於兌文在於坤自上元甲子年起至中元癸巳年止若在上元運葬到癸亥年共有六十年不過小福而已若在文曲運葬之一二十年即發大福此訣在上元宜山龍為准在下元宜用水龍方驗何也得入首乾上武曲之星來也若發九十年後又宜尋山龍之局矣

挨星訣補正

依辨正古歌云坤壬乙巨門從頭出艮丙辛位位是破軍巽辰亥盡是武曲位甲癸申貪狼一路行今將補正

蓋挨星以貪巨祿文武破輔弼爲序用八宮掌如坤屬巨門乙則順數至坤得九位壬則逆數至坤亦得九位故從坤爲巨門艮爲八白輔星辛則順數至艮得九位丙則逆數至艮亦得九位故從艮爲左輔巽爲中上元文曲辰從巽爲文曲亥則逆數至巽得二六一十二故從巽爲文乾爲中下元六白武曲以戌從之已則順數

至乾得二六一十二故從乾為武曲至酉屬七赤破軍
丁順數至酉得六位從兌為破丑則逆數至酉得九位
亦從兌為破子屬一白貪狼甲逆數至子得六位申則
順數至子得九位故從子為貪狼卯屬上元三碧祿存
癸則順數至卯得六位未則逆數至卯得九位故從郊
為祿存離屬下元九紫右弼寅則順數至離得九位庚
則逆數至離得六位故從離為右弼以上非九則六理
有所還今將補正歌曰甲子申貪狼一路行坤壬乙巨
門從頭出癸卯未二三祿存到巽辰亥盡是文曲位己

戌乾武曲一星聯丁酉丑三山破軍守艮丙辛位位是
輔星寅庚午右弼從頭數

九項挨星

一曰排龍立穴　二曰前兼龍神　三曰後兼龍神
四曰山龍從坐　五曰水龍挨星　六曰逆水倒排
七曰三元氣運　八曰五子運　九曰紫白氣運

以上排龍立向併前兼後兼在城門訣既明若四項之山龍從坐五項之水龍挨星還須識得干維乾坤艮巽壬與寅陽順星辰輪支辰坎離震兑癸與辰陰卦逆行

取分定陰陽歸兩路順逆推排去知生知死亦知貧留

取教兒孫

如辛山乙向戌兼乾入首水出辰口將坐山輔星加在

辛其龍右來宜順行武曲在離先天乾居離位正當旺

運至破輔亦科甲多人上元貪巨祿文之星雖有文科

武甲不如下元之富貴也

又如申山寅向兼坤分金其龍辛兼酉来右邊在酉左

輔在乾右来龍也申屬陽山將坐山之貪狼從中逆排

至寅上為武曲層巒聳秀科甲多人若輔運到乾亦發

文甲看獅到入首鹿鳴飲宴者遞多人也若水龍挨星貪狼番在乙位武曲至辛武本屬乾九紫運中先天居之決有厚望也

子午卯酉四山龍

師青曰午上金龍來宜立巽向合四九為友江南龍来江北望江江北之脉子龍也而立乾山合一六共宗子與午乾與巽同宗為友兩兩相對也子来乾向亦然又如卯上金龍来立艮向作三八為朋江西龍去望江東者必酉龍也酉龍而結坤山又合二七同道又為兩

兩相對也主出王侯宰輔為第一格龍局也其餘
戊壬　壬戊　亥癸　癸亥　辰丙　丙辰
己丁　丁己　丑甲　甲丑　未庚　庚未
寅乙　乙寅　辛申　申辛
較上午巽等為次一格也江東篇內云地畫八卦
誰能會山與水相對者即此也
天機妙訣本不同句
師青曰纏何位落何宮來何地等字俱指水龍濱水入
口血脉出口三义處即是金龍也此節重在甲庚丙壬

来何地星辰流轉要相逢二語為挨星之首務也
如貪巨禄文之星要轉坎坤震巽之宫武破輔弼之星
要歸乾兑艮離之位則是星神流轉相逢也如子山乾
龍将坐山之貪狼倒於乾上入首則非其倒要貪狼加
于巽上逆推到乾六白運則是發達之期也又如子山
艮龍来将貪加于入首艮上更亦非其同元宜加出口
坤上順推艮位亦是武曲則六白運亦是艮龍發達之
期也　又如卯山巽龍将坐山之禄存加于入首巽上
禄為巽之同元故可倒地則三碧運為巽龍之興發矣

祿存與輔對番在金龍乾上則八白運卯山巽龍乾上
八白必敗

辰戌丑未四山坡一節

師青曰辰戌丑未四龍必結甲庚丙壬之向若不慎察
亦有富貴不同不可不知也

如甲辰龍丑丙山丙未龍庚辰山庚戌龍未壬山丑壬
龍甲戌山若此八局可出神童會狀清貴為官若辰甲
甲辰戌庚庚戌未丙丙未丑壬壬丑此八局只可開族
大旺財丁不能為官顯達也如辰山若非丙龍實係己

龍入首多主敗絕但水龍依水立向為主萬不可貪峯
巒而錯立向也

天機妙訣有因由一節

師青曰寅申巳亥騎龍走兼甲庚丙壬乙辛丁癸兼辰
戌丑未蓋寅申巳亥行龍立乙辛丁癸之山向乙辛丁
癸行龍亦可立寅申巳亥向為人元格也須分輕重不
可概論聲名表萬秋也
如寅乙　乙寅　申辛　辛申　巳丁　丁巳
亥癸　癸亥

以上八局蕭何韓信之祖正合此局若

寅癸　癸寅　申丁　丁申　己乙　乙己

亥辛　辛亥　此八局則不能登科只可堆金積玉

叅斯千古而已倘若来龍出卦立向錯差則主孤苦零丁流離困厄故賓照經曰龍真穴正誤立向陰陽差錯悔吝生幾回奔走赴朝廷繞到朝廷帝怒形縁師不曉龍何向墳頭下了剋官星

以入首龍為主支龍順行立干山干龍逆佈結支山

释北斗七星去打刦義

識得父母三般卦便是真神路北斗七星去打刦離宮
要相合師青曰地理之道地下則有三般卦訣一曰天
地父母二曰東西父母三曰東西二卦三卦本是神仙
說也合天上得時令之星到龍到山照之則與則盛
失令之星到龍到山則敗則衰故有北斗七星去打刦
云云北斗七星者上元貪巨祿文四星居於坎坤震巽
武破輔弼居於乾兑艮離蓋輔弼二星合為一星也夫
貪狼居坎弼在離方一南一北各持其地祿存在震破
軍居兑一西一東所以有強有弱之分若打刦之情乃

天命所差去其無用之星不堪民社之任簡選當權之令星以涖斯土而生民此天之愛民愛物萬古而不移易也七星無令非敢持強打刦然桀紂卒天下以暴又何可不伐也哉離宮要相合此天元之刦天元地元刦地元人元刦人元如天元之星地人二元則不能刦不相合也

離宮者謂何係第一節入首星也如東卦四星任舉一星為入首其餘三星為助入首之吉星而帮助刦去無氣之星福蔭生民也西卦仿此如郊山艮龍二節巽龍

輔星到艮武曲到巽兩頭双龍俱到此局世代昌盛大
格局也六運發甲輔弼運也無不發
打刦辨僞　有云六可刦九二可刦三二可刦八亦不
外乾南坤北離東坎西先天會後天也若伊祖伊父出
仕回家榮歸故里父子公孫一堂聚會人生樂事有何
過於此謂為打刦悖理之甚混說顯然

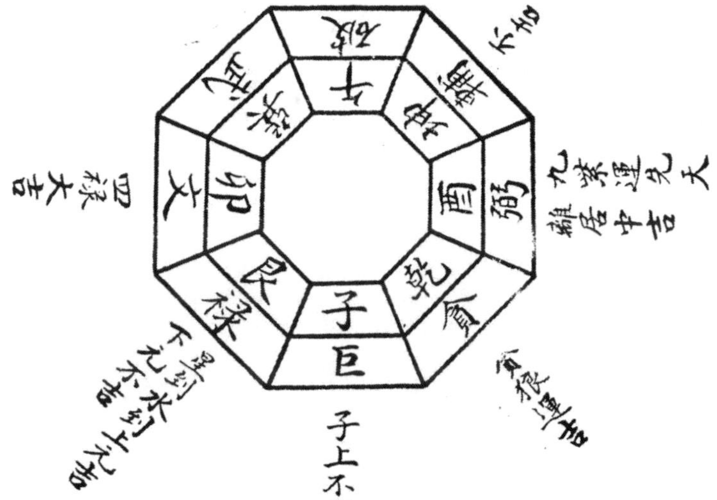

子上不宜来水上元能上元水也

書曰巽山乾向一端看破在午兮離不靈輔在坤兮煞
上殺弼居兑位福亦軽貪在乾宮吉巨臨坎位制水神
禄在艮宮為吉曜文臨吉曜大光榮
此文曲加卯卯龍以文曲為主四禄運發達也故貪巨皆
吉卯龍為上元宜下元水故午水来吉因破軍到離故
離不靈也輔星不吉坤水與卯同是上元故曰煞上殺
弼亦下元星在上元龍不吉酉水以制凶星巨門星吉
子水不吉故云巨臨坎位制水神艮宮星吉水吉總之
上元運宜上元星下元水下元運宜下元星上元水方

合
大凡丗子一失雖有好不見其好或發房分或發數人
而已故云陰山陽水陰水陽山皆現成名色處處是死
的惟有那丗子指入首是活的蓋入首生旺房房齊發不
與刲星同也故曰有公位以下編成九十六局為古仙
旋乾轉坤之手法為挨星趨吉避凶之法門其中有山
龍四十八局有水龍四十八局山龍即從坐山起挨分
左右来龍也水龍亦分左右来龍但將坐山之星同年
加入首不同年加出口此翻天倒地之挨訣非得真傳

口授曷克知此天玉经曰九星双起雌雄異玄空真妙處者是也又曰顛顛倒二十四山有珠寶順逆行二十四山有火坑又曰惟有挨星為最貴洩漏天機秘又曰分定陰陽歸兩路順逆推排去知生知死亦知貧留取教兒孫凡此皆係挨星秘中之秘苟不知此何能挨星師青編此一以繼楊公之緒一以挽此道之失得者寶之非人勿示其中章聯句解仙法燦然用以斷吉斷凶遍走天下無不顯應挨星顧不重歟謂之洩漏天機秘非虛語也與章仲山華湛恩將用事元運入中順行再

将山上向上挨得之星入中陽順陰逆飛去自謂為玄空為天心者誤人多矣唯讀者悉心體會當知余言之有據也

山龍四十八圖

戌龍

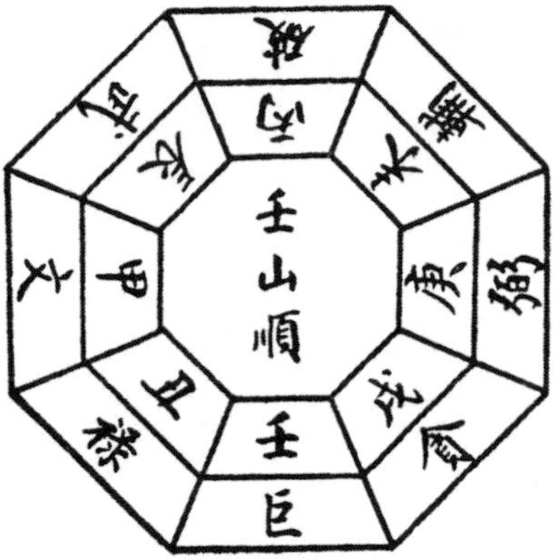

乾龍

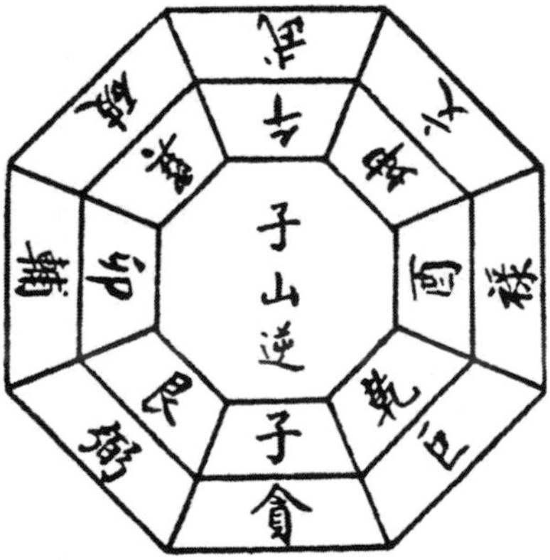

亥龍

壬龍

子龍

癸龍

辰龍

巽龍

吳師青著

巳龍

丙龍

午龍

丁龍

丑龍

艮龍

寅龍

甲龍

卯龍

乙龍

未龍

坤龍

地學鐵骨秘

申龍

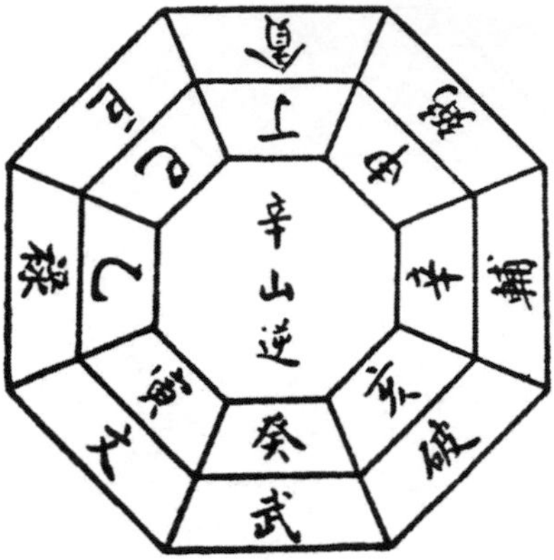

庚龍

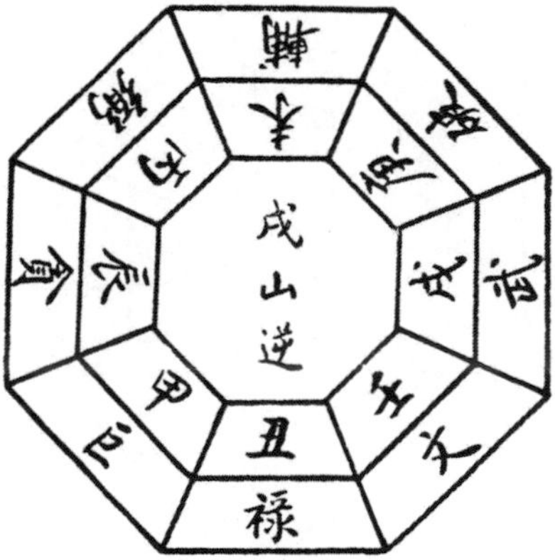

酉龍

八卦圖：
乾山順

外圈：輔、艮、卯、破、子、乾、武、巨、文、軒、弼

辛龍

八卦圖：
亥山順　寅破

外圈：弼、申、輔、巳、破、寅、乙、祿、亥、武、文

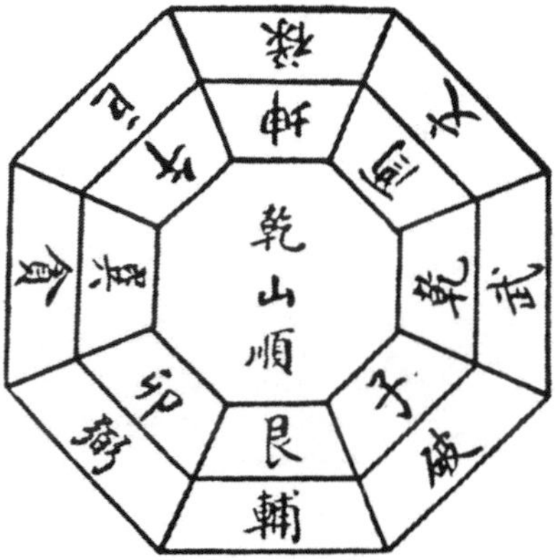

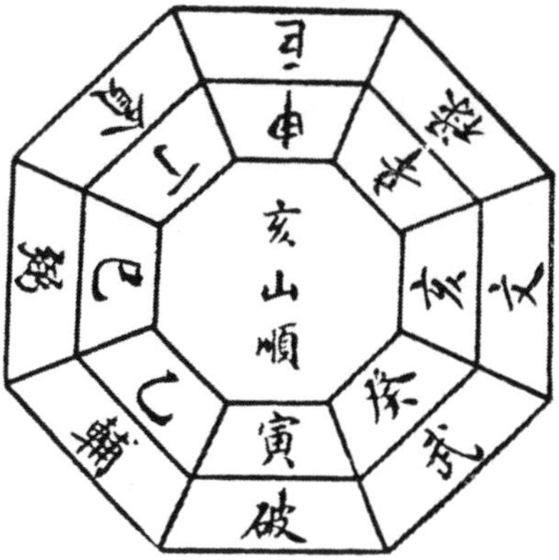

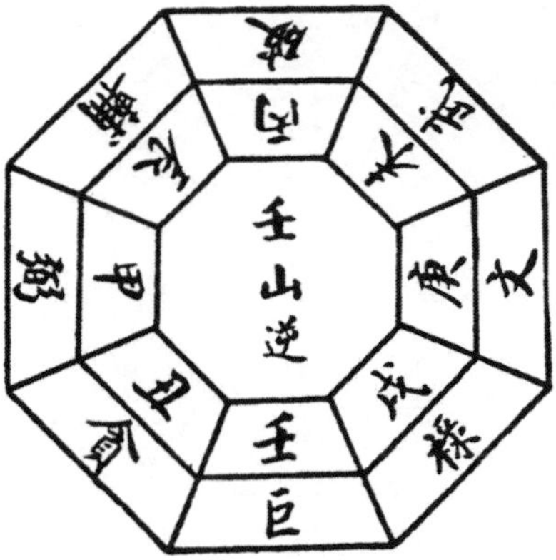

丑龍

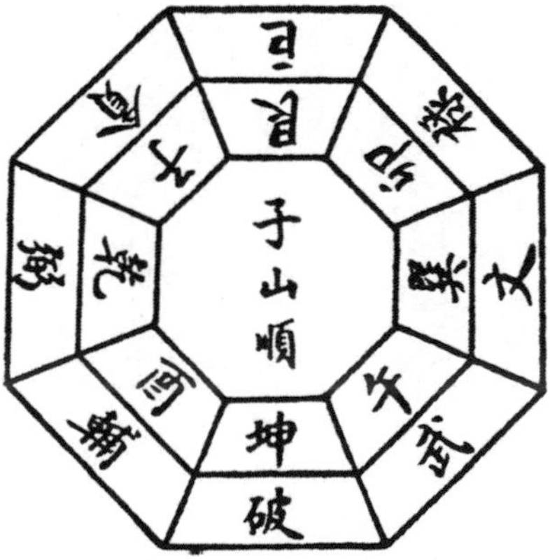

艮龍

寅龍

甲龍

卯龍

乙龍

辰龍

巽龍

巳龍

丙龍

地學鐵骨秘

午龍

丁龍

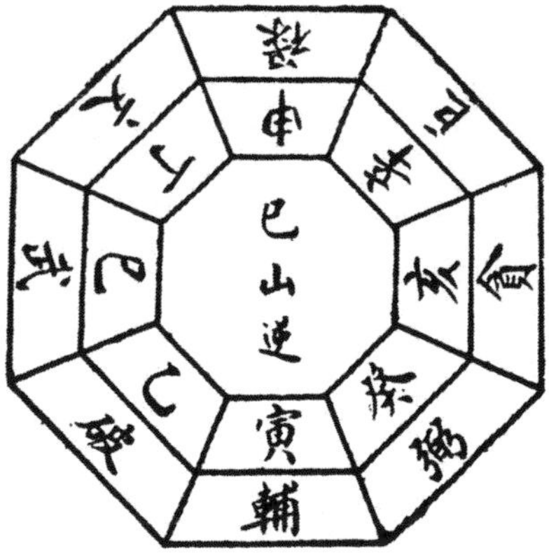

吳師青著

未龍

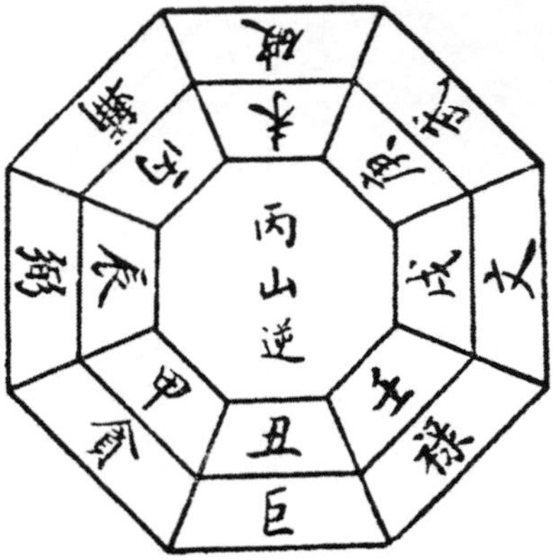

坤龍

申龍

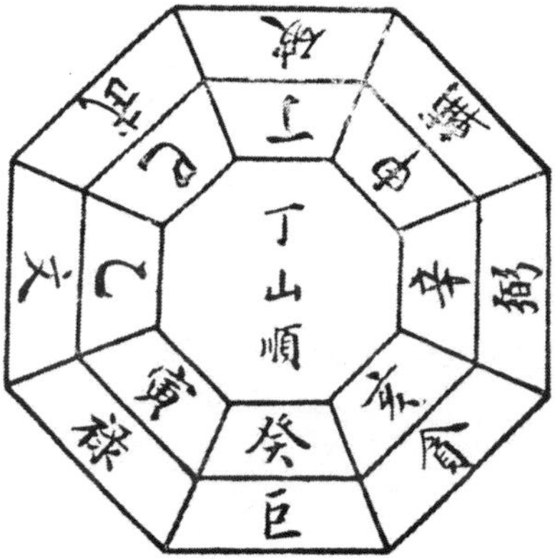
丁山順
癸
巨
寅
祿
乙
文
申

庚龍

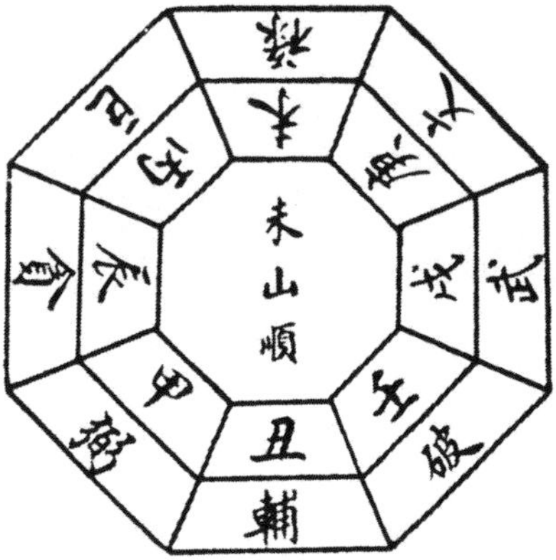
未山順
丑
輔
甲
辰
貪
壬
破

未龍

坤龍

戊龍

乾龍

亥龍

壬龍

子龍

癸龍

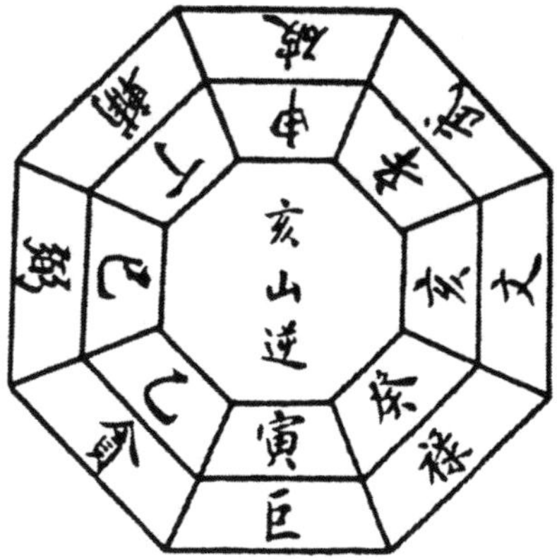

水龍四十八圖

戌龍

乾龍

地學鐵骨秘

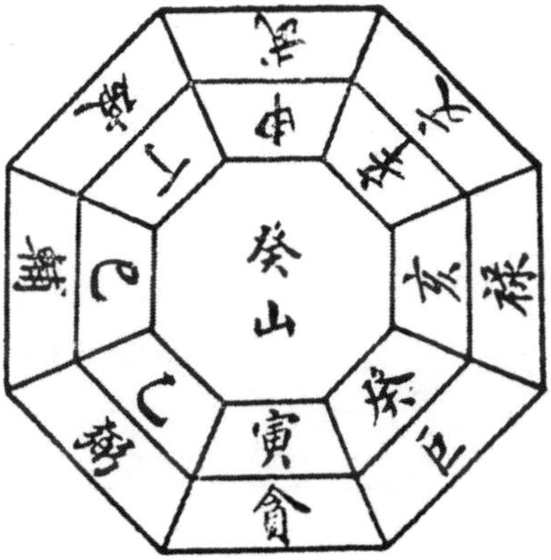

亥龍

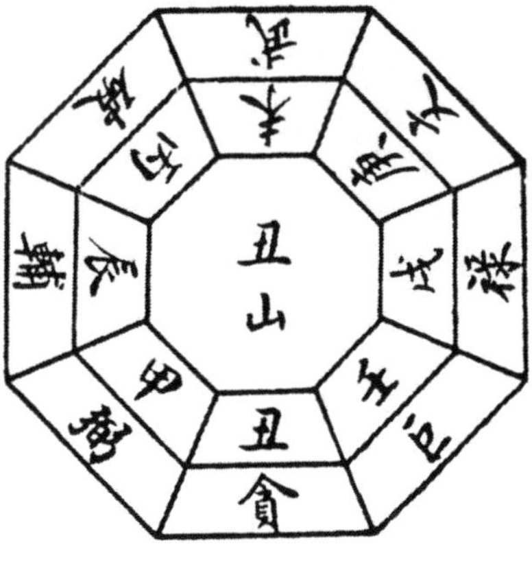

壬龍

吳師青著

子龍

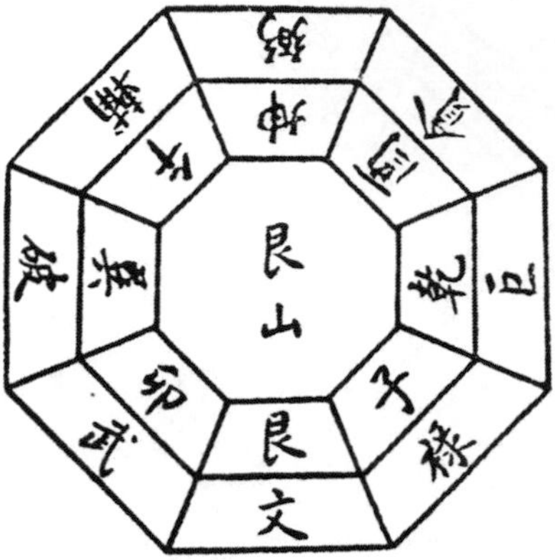

癸龍

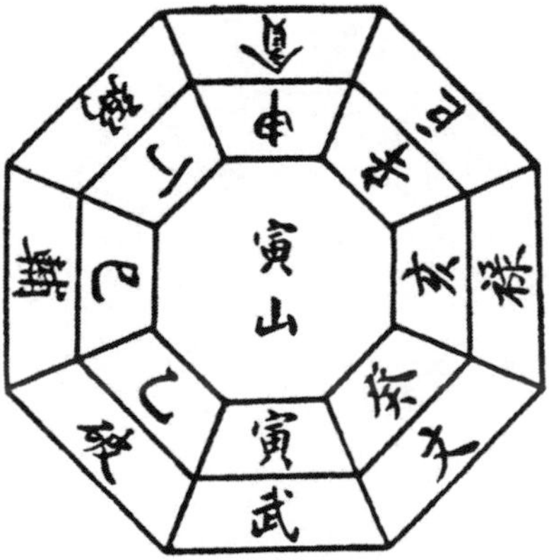

丑龍

艮龍

寅龍

甲龍

卯龍

乙龍

辰龍

巽龍

巳龍

丙龍

午龍

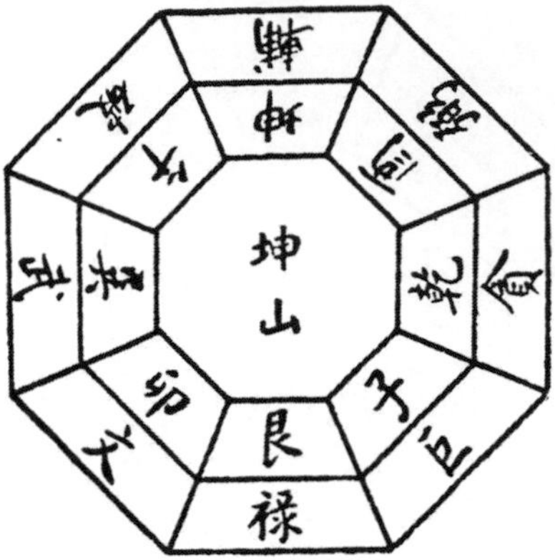

丁龍

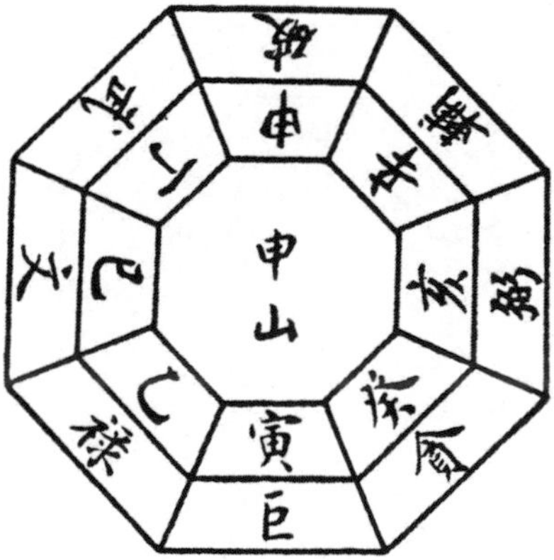

未龍

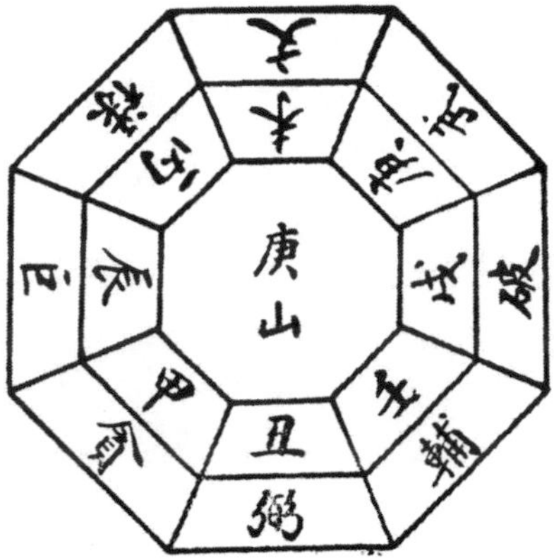

坤龍

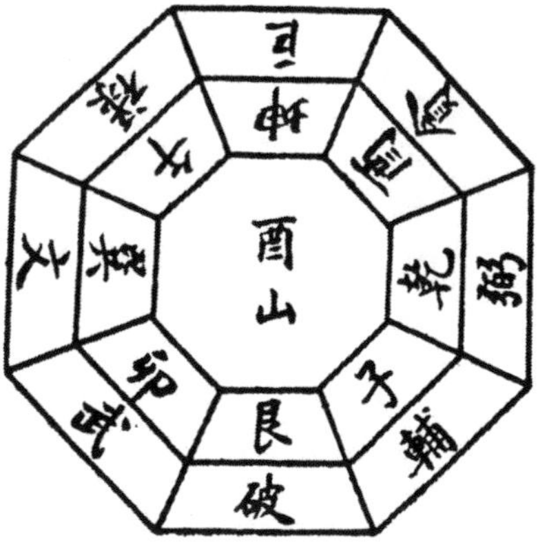

申龍

庚龍

酉龍

辛龍

地學鐵骨秘

丑龍

艮龍

寅龍

甲龍

卯龍

乙龍

辰龍

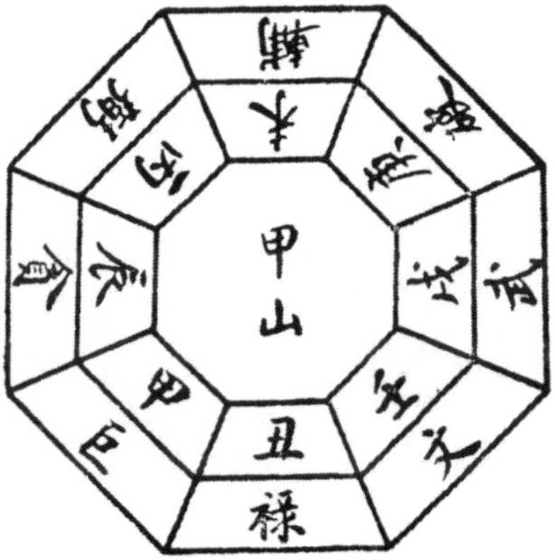

巽龍

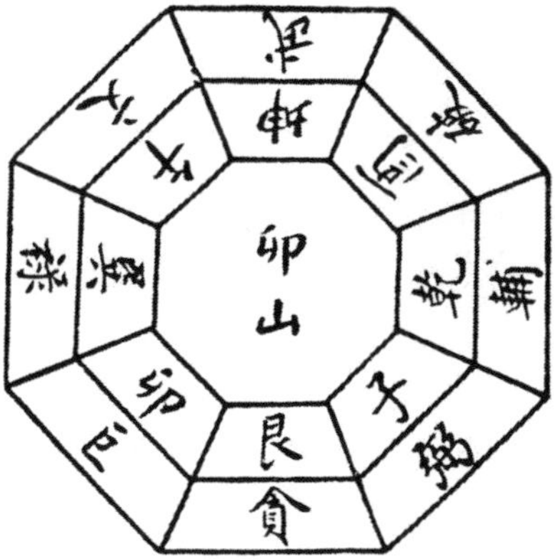

地學鐵骨秘

巳龍

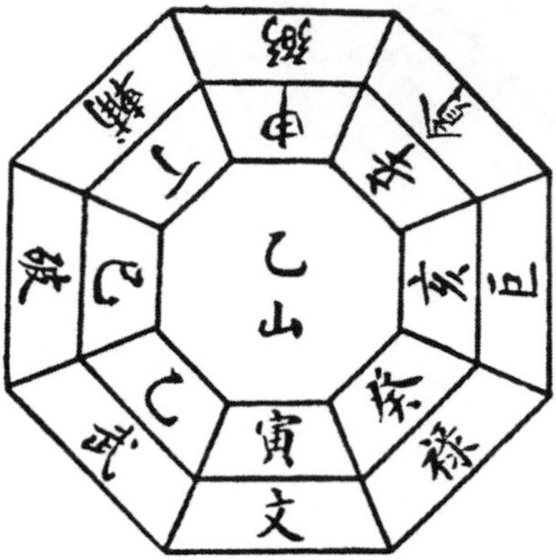

丙龍

午龍

巽山
巽 丙
卯 酉
乙 辛
艮 乾
癸 亥
子
文

丁龍

巳山
申 寅
丁 甲
巳 庚
乙 癸
卯 酉
寅
輔

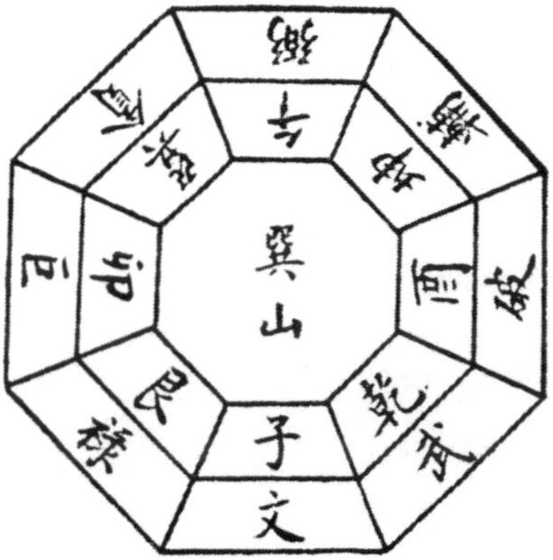

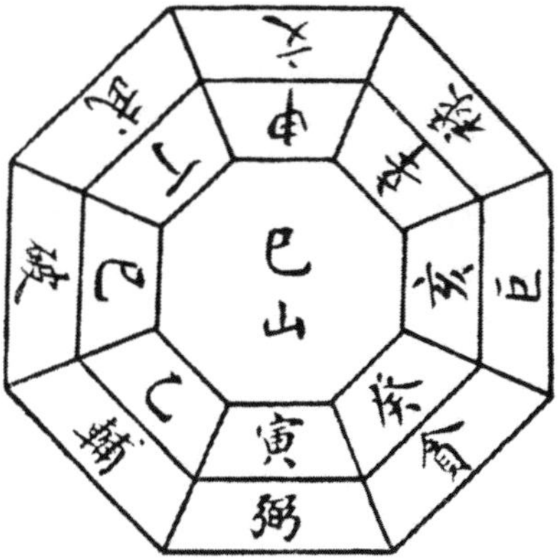

未龍

坤龍

地學鐵骨秘

申龍

庚龍

酉龍

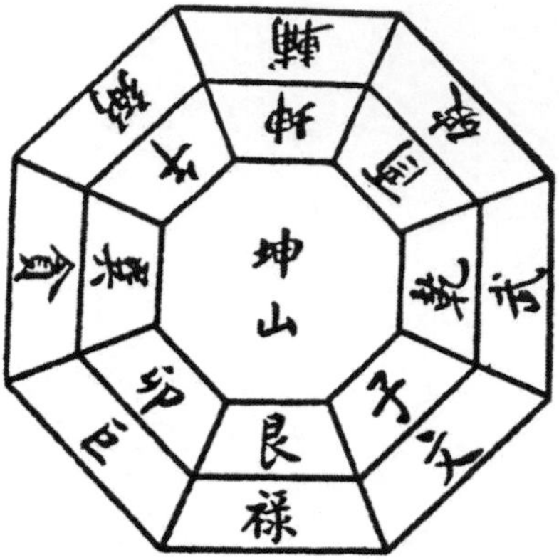

辛龍

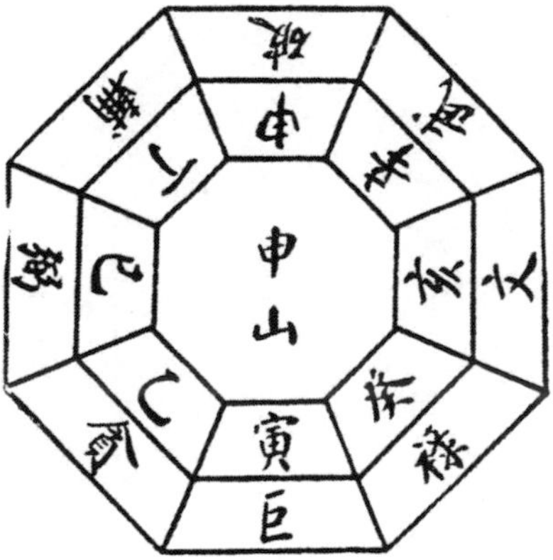

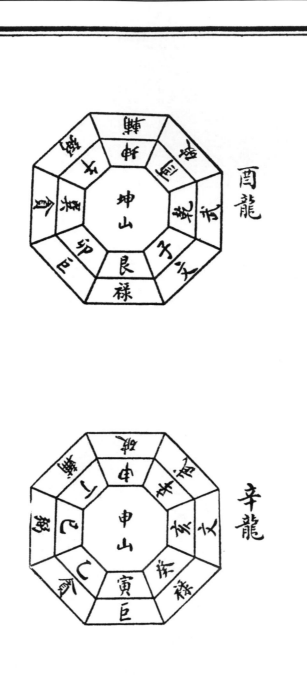

戌龍

乾龍

地學鐵骨秘

亥龍

壬龍

子龍

癸龍

經曰

乾坤艮巽蹕何位

乙辛丁癸落何宮

甲庚壬丙来何地

此三節則有十二干龍

又曰

子午卯酉四山龍

辰戌丑未四山坡

寅申巳亥騎龍走

此三節又有十二支龍
共有二十四龍矣故曰
二十四龍管三卦莫與時師話忽然知得便通仙代代
鼓騈闐

地理十不葬

挨星之術既精且明而應驗如神但不可輕為人卜葬
蓋不當與而與之以地是妄洩天機轉折損自身之福
祿故先賢有十不葬之誡不可不三致意焉
一素不孝悌者不葬凡不孝不悌者其人必天良已泯

既不於生前奉甘旨復不於生時表友于徒於已死

之骸骨覔地安葬其所以若是者非謂欲得佳城以

安親實欲藉吉壤以佑本身之發達則其心已悖逆

天理斷不可與言地理矣

二積世怙惡者不葬怙惡不悛之人固已喪盡陰隲況

復累世積惡之家其不自隕滅者亦既邀倖矣尚敢

不顧天譴而予之以地耶

三身為不善者不葬世有陰險反覆忘恩負義巧取豪

奪誆騙奸淫無惡不作一善莫為之人此即禽獸其

行蛇蝎其心倘予之以地則何以彰天罰而昭世戒也哉

四心術不測者不葬其有口蜜腹劍佛口蛇心外飾偽善之貌內懷險毒之腸陰施陷害架殃飛禍心地已自虧損吉地焉可指予

五為非作歹者不葬不畏法而偏違法不講理而偏蔑理棄信背義不仁失德如此為非作歹悖禮逆情者焉可使得善地以損吾德耶

六古墳舊墓者不葬見他人之古墳舊墓見其子孫之

富貴興盛也輒欲於墓傍隙地附揷其己墓於側既
妨碍於舊壙更破壞其原塋如此損人利己之心實
有害於天理殊不可予之以同意
七私用公山者不葬公山者公有之山地也尔以爲斯
吉地欲葬吾親人亦曰斯公地吾亦有份吾亦可葬
吾親不獨引起爭奪且將觸發事端雖土面生植草
木安知地下無枯骨朽骸庸師術士切勿奢言佳吉
致啟訟累
八來歷不明者不葬遇有酷信風水之家欲知其祖宗

之德澤若何其本人之品格若何如果不明其行善行惡自以婉辭其邀請為宜

九信任不專者不葬挨星法相地其所棄取與諸法不同即立向消水亦大相懸殊茍其人朝信此而暮信彼昨聘甲而今聘乙其游移不定猶疑莫决信任不專却之而已

十接待無禮者不葬今人求師葬親每便道相邀或邂逅相約或片語投機即乞指地凡斯皆抱其生人發達之念更非為其卜吉安葬之孝且無尊師重道之

心不知教子葬親孰為輕重雖千金致贈亦不屑予
以地也
地理之学縱有人定勝天之驗然而欲葬其親以卜吉
壤者不思積德行仁而惟佳城之是求者亦見其徒事
心勞耳果若此無德不仁者而可以得吉地獲佳兆則
青囊一書翻為作惡者成符護有是理哉此十不葬者
先賢之所以垂炯戒而復寓賞善罰惡之旨於其間世
之操此術者其慎旃哉
求真釋謬

溯自元宗追書邱公受職追及開元地理廢已唐楊氏筠松公出作奥語天玉都天門人曾子述其教地理之道燦若日星第其中之翻倒排星格龍立向乘氣消砂趋吉避凶辞雖約而義該訣雖隱而理顯蔣氏平階先生得目講嫡傳於康熙十八年刻地理辨正一書辨明楊公正教予見其追幽察隱探奇索玄雖吻縫瀾翻不能無偏如天玉開章江東一卦從来吉八神四個一江西一卦排龍位八神四個二南北八神共一卦端的應無差章不過將二十四山演出天地人三卦為天玉作

用蔣註以一為地卦單用二為人卦双用南北八神共
一卦句為天卦廣大一卦可兼三用查青囊無此用法
都天收五吉僅有取貪一局亦無子壬三用之消納且
本註又云天卦突然而起不經位數夫經四位與隅四
字一生一成天地人各從其類自然之理也蔣註不知
何所本而云然天卦江東掌上尋知了值千金地畫八
卦誰能會山與水相對章天卦父卦也主水地畫母卦
也主山山與水相對者定雌雄也掌上尋者傳掌訣也
江東者指水龍而言也即江東江西江南北之謂也蔣

註以為畧指一斑洩漏春光不知指何斑洩何春光關天關地定雌雄富貴此中逢翻天倒地對不同秘密在玄空章是發明倒排父母之正文都天收五吉之大作用蔣註指作言雌雄交媾之關竅共路兩神為夫婦認取真神路仙人秘密定陰陽便是正龍岡章是申言仙人收山出煞定陰陽正龍岡不過認取真神路避鬼路方可收五吉蔣註指作配夫婦更看父母下三吉三般卦第一章父母指挨星內雌雄卦之父母三吉指天機訣內之三星三般卦者天卦地卦雌雄卦也更看者別

地學鐵骨秘　吳師青著

有所指之辞也称第一者青囊之總訣也蔣註指作歸結語申言上文三般卦理二十四山起八宮貪巨武輔雄四邊盡是逃亡穴下後令人絶章是將二十四山分出四吉四凶之星為趋吉避凶之用言稍一失挨則四邊盡是破祿廉文之逃亡穴已蔣註解作闢邪說之謬惟有挨星最為貴洩漏天機秘章是傳曾公安安天機配九星四十八局之挨法下章干維壬支神癸巽夫甲庚丙壬俱屬陽乙辛丁癸俱屬陰同為九星双起雌雄異加玄加關之正訣也蔣註不知是訣以為不出三般

卦為天機安內天地父母三般卦時師未嘗話玄空大
卦神仙說本是此經訣若還不信此經文但覆古人坟
章是申言上文諸多妙用與東西父母三般卦不同故
曰未嘗話蔣註以為名異而實同若於字義分疏則支
離分却東西兩個卦會者傳天下學取仙人經一宗切
勿亂傳空五行山下問來由入首便知踪章是傳仙人
經收內陽水法與曾公安之辞也都天更有內陽坐穴
法神機出處覓仙方即此訣也蔣註以為言入首龍乾
山乾向水朝乾乾峯出狀元章是畧舉仙人經收巨武

水之一局而言也四局類推蔣註不知是訣語多游移此天玉經上中下卷之有偏者也若夫都天寶照經是傳挨星訣與黄居士演成掌訣看出身看到頭定入首下經盤審過峽子字出子宮尋勿差錯字字珠璣句句是訣蔣註錯解子癸午丁天元宮辰戌丑未地元龍乙辛丁癸人元来三章是傳天地人收五吉之訣蔣註不明更取貪狼成五吉四句是中言天地人元龍僅收四吉欲收五吉必取貪狼故曰更取所以有貪狼原是發来遲坐向穴中人未知立宅安坟過兩紀方生貴子好

男兒之斷已蔣註謂不當正卦主人有禮客尊重客在西兮主在東章是言龍為主向為賓主客登對不可有差此尋祖脉之法也蔣註指作言山水之交姤天機妙訣本不同八卦只有一卦通章是申言天罡訣內子媳星之落在何宮何地何位以收五吉為天罡訣之妙用故曰星辰流轉要相逢蔣註一卦通指作大五行之一卦不知指何五行山水指作水路之交馳不知是何交馳此都天上中卷之有偏者也下篇二十一章每章各言一事文似無統屬然各有取承無容贅解至章末發

龍多向支神取若是干神又不同章再舉坎卦為例指出是夫婦是兒龍以申結上文挨星訣即認取真神路仙人定陰陽正龍岡之秘訣也蔣註未明又以天玉開章四個一為地卦单用不知都天有辰戌丑未地元龍乾坤艮巽夫婦宗兼宮之訣以二為人卦可双用不知都天有寅申巳亥騎龍走乙辛丁癸水夾流单用之訣以天元宮廣大一卦可兼三用不知都天收五吉僅有子癸午丁卯乙酉辛未有子壬三用之訣又以人地兩宮不可兼不知都天有亥壬聳龍與祖格己丙旺相一

般同相兼之訣青囊收五吉避七凶與夫坤壬乙之挨星四十八局之順逆子蔣氏俱未能解說者悞以江南龍來江北望分別山龍水龍之法為翻倒卦悞以格龍立向之玄空卦為元運卦悞以龍宮之父母卦為八卦之中爻卦悞以分定子孫十二位之訣為闢邪說之謬更不知二十四山之双双起二神當四神奇又不知青囊之五行用何五行四大尊神是何尊神以及反吟伏吟前兼後兼聯珠勿相放排定陰陽算蔣氏又一無能知之者予為之逐一拈出每章各自加批非好辯也非

爭席也識以辨正不刻青囊失傳挨星不明青囊無法
苟震於其名徒拾牙慧知其悮而不為之釐正何貴乎
青囊何貴乎讀青囊此求真之所以不得不作也一片
苦心識者鑒之

跋

吳師青兄好學士也。以其精於青烏之術，而翻掩其好學之名。然而師青兄向不輕易為人鑑別牛眠，蓋凜於十不葬之誡，惟偶施其術於忠厚之家，則輒見驗。於是益自慎重珍惜，不願茍行其道，世愈尊其品而神其術。其所著鐵骨秘一書，成於民國十三年，以其早年身歷，徵於古人遺言，實有其獨得之秘，風傳當時，並經採入潮州志藝文類，具見其書之可寶矣！昔郭景純作葬經，葛稚川傳青烏，楊筠松作天玉奧語都天，今師青兄著鐵骨秘，皆足以傳世而行遠。師青兄避地來港，廿餘年來，求其術者多，而百無一諾，鑑於當世多躋於十不葬之列，非以懷術鳴高也。況隐於商事，久矣乎不操其術。而忠於謀人，信於交友，更非以奇術自秘。余知師青兄深，雖不願以術傳人，獨懼其書之將絕響也，乃勸其付梓，使後之研斯術者，為參究發微之助，且為科學時代應並存之另一學術云爾。因書此以為覽是書者告。

中華民國五十年五月　　鄧肇堅敬跋

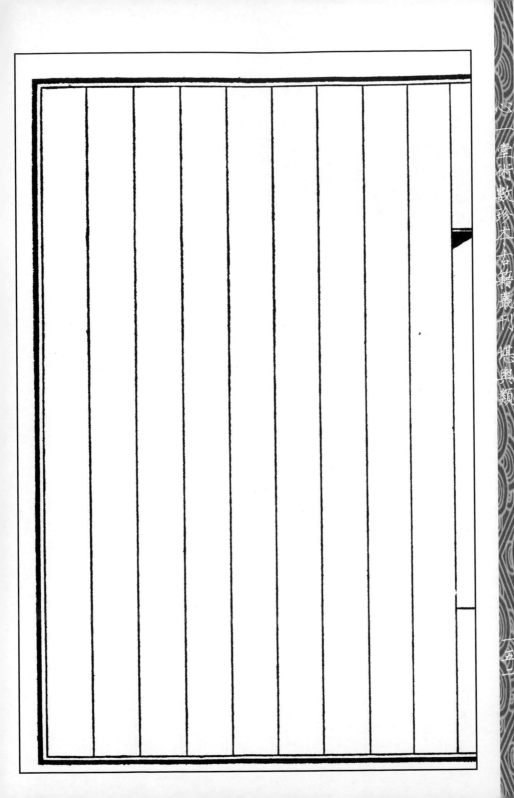

中華民國十三年六月初版
中華民國五十年五月再版

地學鐵骨秘

（全一冊）

著作者：吳師青
出版者：中天貿易公司
承印者：強華印務

有著作權
不准翻印

地學鐵骨秘

吳師青著

術探秘要
覺迷闡謬

張瑞貴題

何銓詒題贈

打破藉易惑民之謊謬

子玉題

闢命理

吳師青撰

吾國言命數者。始於李虛中。而徐子平繼之。虛中以年。子平以月。取法不同。其就年月日時干支衰旺生尅。而斷其窮通壽夭。後之談命者。莫不宗之。然大千世界。芸芸衆生。其同時誕生者。何止恒河沙數。同一生命之人。常有懸殊遭遇。論其人富且貴焉。如言者有之。而貧困卑賤者亦有之。窮而夭也。應驗者不少。而實則擁財享壽者亦多。生時一致。境遇萬殊。此中學理。豈足信哉。昔陳希夷先生。著河洛理數一書。名重當世。咸嘆神奇。所斷人生行年之數。有仕士農工商之別。如言某也在仕當如斯。在士在農則又不然。某也在農必如此。在工在商則當如彼。是因處境不同。遂不能決其在仕在商爲工爲農也。宋邵子康節。精研河洛奇偶之數。著有鐵板神數一書。別闢蹊逕。剖一時爲八刻。倣周天割圓之理。循序推求。是也不敢囿於年月日時。强斷命運之豐嗇也。三命通會一書內載。萬宷與饒才命同。萬舉進士。官至卿貳。饒止舉人。官至太守。然饒多子而萬則少。萬以戌死而饒則否。其壽夭得失。又難論也。又一走卒與魯公命同。魯公遇朝廷有大恩寵。則此卒受大責罰。魯公有小喜慶。則此卒有小譴責。其相反有如此者。又染家生子。

與魯公命同。前後差六十年。術者以魯公之命証之。其家大喜。謂他日必貴。自孩童時。恣其所爲。後遂花酒遊蕩。醉死於水。年止十九。天下之大。九州之廣。兆民之衆。其八字同者何限。是歷舉實例。皆所以証明同生未必同命也。更舉近世科學。環境移人。行爲差別之說。亦有足資証明者。如甲也命應康强逢吉。壽享遐齡。而竟於弱冠之年。自剌要害。决不能因其命應高壽而不死。乙也命應執掌國政。威望遠揚。而出身微賤。無力求學。終至老死牖下。沒世無聞。丙也命應賓雄一世。名重商塲。奈生于寒門。傭工度活。三餐尙虞不繼。何來資本經商。丁

心一堂術數珍本古籍叢刊 星命類 一六〇

也命應三妻四妾。子女成行。而竟墜落浪遊。賣妻鬻子。鰥居老病。舉目無親。倘有與甲乙丙丁同命之戊己庚辛者。一知攝生之道。一生富豪之室。一有經商之本。一能忠厚持家。則此四人者。當可符合生命。是固其人之行爲。所處之環境。有所不同。其命理之驗與不驗。自不能不有所分別矣。師靑不才。探究五星元理。精研歷代星家神驗學說。深知憑藉個人出生年月日時。斷定一生富貴壽夭。說不可靠。然而日言破除迷信。而世之迷信者如故。何也。蓋未得有破除門徑。世人無從覺悟耳。所謂破除門徑者何。卽以最珍奇最有力之迷信書籍。加以測驗。便能打破迷信念頭。顧世所尊崇之命書。莫如劉伯溫氏之行年大易數。劉氏此書。原有微妙元理。人皆視為神奇。然以師青經驗。亦屬不盡可信。但此書印板久絕。坊間無從購買。僅存珍藏秘本。一般術家。每藉以欺世惑民。師青爲求闢除命理之有方。爰特摘錄大易數本年之人生行年。刋行於世。一經測驗。便知五星命理大易數之均不可靠。于是迷信不攻而自破矣。斯則師青出書之本意也

茲將民國廿三年。六十甲子生人。大易數所值爻辭。摘錄於左。以俟達者之測驗。方知予言之不謬。

大易數本年月時相戰 凡人正月寅時生者或戌時或午時則爲月時相戰五月九月亦然餘倣此

正五九月生人寅午戌時　二六十月生人亥卯未時

三七十一月生人申子辰時　四八十二月生人巳酉丑時

大易數本年月時相鬬 凡人正月酉時生或亥時或巳時則爲月時相鬬餘倣此

正月生人亥酉巳時　二月生人子戌午時　三月生人丑亥未時

四月生人寅子申時　五月生人丑酉卯時　六月生人辰寅戌時

七月生人巳卯亥時　八月生人辰午子時　九月生人丑巳未時

十月生人寅午申時　十一月生人未卯酉時　十二月生人辰申戌時

大易數行年。原本自七十一歲起。十二歲止。凡未滿十二歲孩童之行年。均不錄出。（注意）按以上各條人皆認爲秘要實則豈有是理

甲子人本年値水澤節卦上六爻辭曰。苦節。貞凶。悔亡。

故是年有失度之愆求名望利皆無益也如在丑卯酉亥時生者或犯「月時相戰」「月時相鬭」者其人決死無疑矣蓋「亡字」有人亡之義　月時戰鬭列於上篇各條

乙丑人本年値天風姤卦四爻辭曰。包無魚。起凶。

故是年有訟爭是非之擾病者不利於壽如在丑未巳亥時生者或値「月時相戰」「月時相鬭」者

其禍尤甚

丙寅人本年値噬嗑卦上九爻辭曰。何校滅。耳凶。

是年防爭訟破財如在丑亥兩時生者或値「月時相戰」「月時相闘」者耳目不明血氣不順喪身殞命

丁卯人本年値噬嗑卦六二爻辭曰。噬膚滅鼻。旡咎。

是年進退艱難是非撓括或生暗疾或骨肉有傷如在丑卯酉亥時生者或値「月時相戰」「月時相闘」者則喪亡無日矣

戊辰人本年値澤地萃卦上六爻辭曰。齎咨涕洟。旡咎。

是年上下通追長幼憂愁退悔嗟悲名利成虛壽算不永如在丑未巳亥時生者或値「月時相戰

心一堂術數珍本古籍叢刊 星命類

「月時相鬬」者恐死期將至大禍又臨之憂

己巳人本年值澤雷隨卦九五爻辭曰。孚于嘉。吉。

是年營謀順適多喜慶之事如在丑亥時生者或值「月時相戰」「月時相鬬」者則變爲震卦六五之憂

庚午人本年值水山蹇卦六二爻辭曰。王臣蹇蹇。匪躬之故。

是年則涉艱履險而營謀有阻如在丑卯酉亥時生者及值「月時相戰」「月時相鬬」者則難以保身

辛未人本年值火澤睽卦六三爻辭曰。見輿曳。其牛掣。其人天且劓。无初有終。

是年則進望有阻險中求安先迷後順如在丑未巳亥時生者或值「月時相戰」「月時相鬬」者則有骨肉刑傷之阨

壬申人本年值山地剝卦六四爻辭曰。剝床以膚。凶。

是年履危蹈險爭訟刑尅之疊生如在丑亥兩時生者或值「月時相戰」「月時相鬬」則難保其壽

癸酉人本年值風地觀卦六三爻辭曰。觀我生。進退。

是年得失無定更宜詳審而行知難而避者在丑卯酉亥時生者或值「月時相戰」「月時相鬬」則有人財破損之虞

甲戌人本年值風雷益卦上九爻辭曰。莫益之。或擊之。立心勿恆。凶。

是年有專利取怨之禍刑尅損傷之慘者在丑未巳亥時生或值「月時相戰」及「相鬬」者則難保

其終

乙亥人本年值天山遯卦九三爻辭曰。係遯。有疾厲。畜臣妾。吉。

是年主得妻妾之力進人口之應如在丑亥兩時生者或犯「月時相戰」「月時相鬬」則多疾厄驚危之禍蓋有疾厲三字之義

丙子人本年值大壯卦六五爻辭曰。喪羊於易。旡悔。

是年籌策莫展而一無所利若生時值丑卯酉亥者或犯「月時相戰」及「月時相鬬」則有喪身之兆

丁丑人本年值天風姤卦上九爻辭曰。姤其角。吝。旡咎。

是年營謀艱辛獨立無助若生時在丑未己亥者或值「月時相戰」或「相鬬」者則有憂慘之兆

戊寅人本年值水風井卦九二爻辭曰。井谷射鮒。甕敝漏。

是年宜謹守以避禍如在丑亥兩時生者或值「月時相戰」「月時相鬪」則有喪祭之兆

己卯人本年值地天泰六五爻辭曰。帝乙歸妹。以祉元吉。

是年得人擡舉或結姻生育而百福悠集若在丑卯酉亥時生者或值「月時相戰」或「月時相鬪」

雖有吉爻之應亦宜謹守常度以避耗損

庚辰人本年值雷地豫卦六五爻辭曰。貞疾。恒不死。

是年必多不足災害難免或心腹之疾如在丑未巳亥時生者再犯「月時相戰」「月時相鬪」者則

變萃卦九五則有失脫亡身之兆

辛巳人本年值雷火豐卦九三爻辭曰。豐其沛。日中見沬。折其右肱。无

心一堂術數珍本古籍叢刊 星命類

咎。

是年營謀難遂或明而受蔽爭訟日起或手足有厄而難于作事若在丑亥兩時生者或值「月時相戰」或「月時相鬬」者其害尤甚

壬午人本年值旡妄卦六三爻辭曰。旡妄之災。或係之牛。行人之得。邑人之災。

是年則閑事牽連破財損己若在丑卯酉亥時生或犯「月時相戰」或「相鬬」者其害更甚

癸未人本年值澤山咸九四爻辭曰。貞吉。旡悔。憧憧往來。朋共爾思。

是年朋友相奇小謀可就大用則虧心緒少安若值「月時相戰」或「相鬬」者雖小謀亦不能成就

甲申人本年值大壯卦九三爻辭曰。小人用壯。君子用罔。貞厲。羝羊觸藩。羸其角。

是年官訟牽連孝刑多端人財不利若非丑亥兩時生者或非『月時相戰』或非『相鬬』者防之則可免禍

乙酉人本年値火風鼎卦初六爻辭曰。鼎顛趾。利出否。得妾以其子。无咎。

是年有因人成事之益或得妾或生子憂者喜賤者貴若在在丑卯酉亥時生者或犯『月時相戰』或『相鬬』者是年雖『鼎之初六』有以應之亦宜謹守自持庶免傾危

丙戌人本年値大壯上六爻辭曰。羝羊以藩。不能退。不能遂。无攸利。艱則吉。

心一堂術數珍本古籍叢刊 星命類

是年越分悖義是非爭訟纒擾而進退無措若値丑未巳亥時生者或値『月時相戰』或『相鬬』者則宜防有不測之災（原本四十八歲値『泰卦六五』是年則有生子孫或多喜慶之事作）如本人下半年生者則應於本年也

丁亥人本年値風水渙卦初六爻辭曰。用拯。馬壯。吉。

是年在仕者陞遷之速有五馬戎馬之兆在常人得脅上提舉而謀爲皆遂若在丑亥兩時生者或値『月時相戰』或『相鬬』者終不可以言吉

戊子人本年値風水渙上九爻辭曰。渙其血去。逖出。旡咎。

是年有出險就安之美若在丑卯酉亥時生者或値『月時相戰』或『相鬬』者則有血氣泣血之殃

己丑人本年値震卦初九爻辭曰。震來虩虩。後笑言啞啞。吉。

是年多有虛驚后主進喜若在丑未亥巳時生者或值『月時相戰』或『相鬬』者則宜謹戒方免凶耳

庚寅人本年值坎卦九五爻辭曰。坎不盈祇。既平。無咎

是年則謀爲平坦而無危者值丑亥兩時生者或值「月時相戰」「月時相鬬」者則變爲『師之六五』凡事當宜詳審到可避免破損之憂

辛卯人本年值小畜卦九二爻辭曰。牽復。吉。

是年則聯同志以偕往而營謀得遂者值丑卯酉亥時生者或值「月時相戰」或「相鬬」者則宜防有牽連反復失事之兆

壬辰人本年值水地比卦六三爻辭曰。比之匪人。

是年則損友猜疑血氣損傷若值丑未巳亥時生者或犯「月時相戰」或「相鬬」者則有爭訟破財刑孝多般撓括未免徒流

癸巳人本年值地山謙卦六四爻辭曰。无不利。撝謙。

是年宜固守退讓（盖謙字之義）者值丑亥兩時生者或犯「月時相戰」「相鬬」者則變爲『小過九四』故亦當安貧守分不然取損害爾

甲午人本年值雷地豫卦上六爻辭曰。冥豫。成有渝。无咎。

是年有驕傲訟爭之擾大抵宜遷善改過悔思則可以免咎如在丑卯酉亥時生者或「月時相戰」「相鬬」者則破損難免

乙未人本年值萃卦六三爻辭曰。萃如嗟如。无攸利。无咎。小吝。

是年家不安爭六親有損若值巳亥丑未生者或『月時相戰』『相鬬』者則恐損壽

丙申人本年值澤山咸卦九五爻辭曰。咸其脢。无咎。

是年則人情乖離而營謀微小（原本卅八歲理應生子如無應者亦有應於本年）若在丑亥兩時生者或值『月時相戰』『月時相鬬』者則本年有非常之凶

丁酉人本年值雷火豐卦初九爻辭曰。遇其配主。雖旬无咎。往有尚。

是年則得貴人提携謀為克遂若在丑卯酉亥時生者或值『月時相戰』『月時相鬬』者則變為『小過六二』必招禍殃（廿二年卅七歲值『比之六三』破財刑孝在所不免惟謹利於生育）

戊戌人本年值火山旅卦九四爻辭曰。旅于處。得其資斧。我心不快。

是年在外者有成立但美中不足宜防憂慘傷非之事作若值丑未己亥時生者或值『月時相戰

心一堂術數珍本古籍叢刊 星命類 一七四

「月時相鬪」者則變「恒之六五」是年多心事不足災害難免或心腹生疾（原本卅四歲值「蒙之九二」理應生子不然主招慶祉

巳亥人本年值水雷屯卦六二爻辭曰。屯如邅如。乘馬班如。匪寇婚媾。女子貞不字。十年乃字

是年則有婚嫁交締之美男女之生謀望之遂若在丑亥時生者或值「月時相戰」「月時相鬪」者本年雖值「屯之六二」而未免途程阻滯進退不決而屯邅不遂矣（廿二年卅五歲值「剝之初六」是年若值戰鬪者則營謀艱辛獨立無助或手足之灾奴婢之損甚者身亡家破）

庚子人本年值水天需卦上六爻辭曰。入于穴。有不速之客三人來。敬之終吉。

是年則入幽谷謹防愴悴之患大凡欲能謹慎則久憂得散久淹得伸若在丑卯酉亥時生者或值『月時相戰』或『相鬭』者輕則有刑孝之憂重則埋近塚之慘（原本卅四歲值『觀之上九』是年則營謀阻滯而心不足但『觀其生』三字謹利生育如未驗者亦有應於本年

辛丑人本年值山火賁卦六二爻辭曰。賁其須。

是年得人提攜而營爲無阻若生於亥丑巳未時者或值『月時相戰』『月時相鬭』者則變『大畜輿脫輹』之象亦欲相時而動雖有知己不可恃勢妄作以取摧抑之患

壬寅人本年值山地剝卦六三爻辭曰。剝之。无咎。

是年難遇知己生涯淡薄若在丑亥兩時生者或值『月時相戰』『月時相鬭』者則小象有失大象之辭難免父母妻子之憂也

癸卯人本年值火澤睽九二爻辭曰。遇主于巷。旡咎。

是年必遇知己而營謀遂意者在丑卯酉亥時生者或值「月時相戰」或「相鬬」者則變「噬嗑之六二」反爲進退艱難是非撓括甚者骨肉有傷

甲辰人本年值中孚卦上九爻辭曰。翰音登于天。貞凶。

是年則爭高抑强而困廹無路若在丑未巳亥時生者或值「月時相戰」或「相鬬」者則變「節之上六」輕則刑孝重則損己

乙巳人本年值大過卦九二爻辭曰。枯陽生梯。老夫得其女妻。旡不利

是年近貴獲利或生子或納妾君子得少妻義子若在丑亥兩時生者或值「月時相戰」或「相鬬」者則變爲咸部之憂雖「大過九二」之驗而名利終成爲虛

丙午人本年值中孚卦六三爻辭曰。得敵。或鼓。或罷。或泣。或歌。

是年則喜中有憂悲中生樂求名謀利得失相仍若在丑卯酉亥時生者或值「月時相戰」或「相鬪」者變爲「小畜九三」則有人口分別百孽病生之兆（廿二年廿八歲值「无妄九五」是年有孕育之喜不然亦有應於本年者）

丁未人本年值水地比九五爻辭曰。顯比。王用三驅。失前禽。邑人不誡。吉。

是年則有先逆後順之休求謀有得無往不利若在丑未巳亥時生者或值月時「戰」「鬪」者宜防刑罰風疾謹愼免禍（廿二年廿七歲行「臨六三」是年雖利生育而悲愁怨苦終不能免）

戊申人本年值澤天夬卦初九爻辭曰。壯於前。往不勝爲咎。

是年有妄行之患若在丑亥兩時生者或值「月時相戰」或「相鬭」者防刑

巳酉人本年值天風姤卦九二爻辭曰。包有魚。旡咎。不利賓。

是年在仕者則遷除有錫金魚銀魚之兆在常人有金帛水利之多或進奴僕婦人有孕若值丑卯酉亥時生者或值「月時相戰」或「相鬭」者亦謀爲平坦而不致危

庚戌人本年值小過卦上六爻辭曰。弗遇過之。飛鳥離之。凶。是謂災眚。

是年有越分致孽之尤若在丑未巳亥時生者或值「月時相戰」或「相鬭」者則變旅之上爻有服制之憂

辛亥人本年值既濟卦初九爻辭曰。曳其輪。濡其尾。旡咎。

是年進取者欲動未動將濟不濟謹戒俟時定保無虞若在丑亥兩時生者或值「月時相戰」或「相鬭」者則有損耗憂慘之兆

壬子人本年值澤地萃初六爻辭曰。有孚不終。乃亂乃萃。若號。一握爲笑。勿恤往。旡咎。

是年有小人結搆受誣之危大抵皆先凶後吉戒之爲是若值丑卯酉亥時生者或值月時「戰」「鬭」者則多招禍害

癸丑人本年值小過六二爻辭曰。過其祖。遇其妣。不及其君。遇其臣。旡咎。

是年則貴人汲引而凡謀克遂或得陰人之利若值未丑巳亥時生者或月時「戰」「鬭」者則有妣

號之兆多傷其母或傷長上

甲寅人本年值地天泰九二爻辭曰。包荒。用馮河。不遐遺。朋亡。得尚于中行。

是年必遇尊貴若在丑亥兩時生者或值月時「戰」「鬭」者則變「明夷二爻」則防長上有損言語有傷

乙夘人本年值山風蠱六五爻辭曰。幹父之蠱。用譽。

是年則多喜慶或進人口若值丑卯酉亥時生或值月時「戰」「鬭」者雖有蠱卦六五之吉亦不可輕信邪言以取禍

丙辰人本年值艮卦九三爻辭曰。艮其限。列其夤。厲薰心。

是年強梗不順破損不寧危厲不安若再值月時「戰」「闢」者則主心病或患眼或腰疾或刑

丁巳人本年值坎卦六四爻辭曰。樽酒簋貳用缶。納約自牖。終无咎。

是年有交締結姻之應或孕育之喜若值月時「戰」「闢」者宜防喪祭之憂

戊午人本年值家人卦初九爻辭曰。閑有家。悔。

是年則利於小試若值月時「戰」「闢」者則凡事宜從正道乃吉

己未人本年值天山遯九五爻辭曰。嘉遯。貞吉。

是年必近尊貴或招慶祉若值月時「戰」「闢」者終不可以言吉

庚申人本年值同人卦九三爻辭曰。伏戎於莽。升其高陵。三歲不興。

其人若值丑亥兩生時者或犯月時「戰」「闢」則是年有疾病喪親之患不值犯者防之則得吉也

辛酉人本年值小畜卦六四爻辭曰。有孚。血去惕出。无咎。

是年則得上人合志者值丑卯酉亥時生者或值月時「戰」「鬬」者須防血肉之損

壬戌人本年值震卦六三爻辭曰。震來厲。億喪貝。躋于九陵。勿逐七日得。

是年宜防失脫之虞若值丑未巳亥時生者或值月時「戰」「鬬」者則主心驚七日蓋因剋期之應也

癸亥人本年值兌卦九五爻辭曰。孚于剝。有厲。

是年有陰邪擾害者不犯月時「戰」「鬬」者禍不旋踵

讀者既經上面之證明。對於五星命理大易數之均不可靠。必已暸然於心矣。茲復闢闢星學壽命短長之說。爲破除迷信之隊伍增加一枝生力軍。其爲讀者所樂聞乎。陳希夷曰。『命微心好亦主壽。命好心毒卽夭亡』。是何言耶。希夷爲宋初著名處士。又爲歷代談命理者之所宗。其言論久被術家奉爲金科玉律，其對於人壽長短之說且如是。然則吾人壽命之延夭，繫於心善心惡，與命之好微無關也，術家所談人壽已註定命之說，其爲謬誤可知矣，蓋師青遍翻星學之籍，未見有談命及於人壽百歲以至百歲以上者，而歷來星家亦未論及，且命書中，人壽冲提干卽多斷死，而冲提干多在六十左右。然則人之壽命，果不能過於冲提干乎，果不能

心一堂術數珍本古籍叢刊 星命類

達至百歲或百歲以上乎。而證之事實。則大謬不然。古史稱伏羲壽一百九十四歲。炎帝一百五十五歲。神農一百六十八歲。黃帝二百四十歲。堯一百十八歲。舜一百十歲。伊尹一百三十歲。周公一百八十歲。太公一百五十二歲。卽曰可疑。然現代亦有壽至一百一二十歲之人。民國廿一年廣州珠江橋通行典禮。劉紀文市長舉行招待耆老大會。當時到會人數。雖百歲以下者占多數。然滿百歲者亦在不少。是星學無百歲壽命之說。作何解耶。由此觀之。古聖古賢所以能享如是高壽者。無非彼等皆至仁至德有以致之。希夷所論之理。其在斯歟。